［第二版］

コスト激増時代必須のマネジメント手法

「物流コストの算定・管理」のすべて

久保田精一・浜崎章洋・上村　聖［著］

創成社

はじめに

「運賃高騰による食料品価格の値上げ」「無料宅配サービスの有料への切り替え」「コスト削減のための共同輸送開始」――

昨今、このような、物流コストに関連するニュースを目にする機会が増えています。

物流コスト管理は経営管理全般の中では非常に地味なテーマであり、かつてはニュースのトップを飾るような性質のものではなかったのですが、少子高齢化による労働力不足やマクロ的な輸送需要ひっ迫といった、近年の環境変化によって、企業経営の重要課題に浮上しています。

そのため、企業経営者の方、物流担当の方から「物流コストの基本を学びたい」といったご要望をお聞きする機会が筆者の周りでも増えているのですが、テーマ的にニッチであることに加え、近年の出版事情の厳しさもあって、実務家向けのテキストが入手しにくい状況でした。

そのような背景から、主に荷主業界の物流コストに関する調査研究・コンサルティングに携わってきた経験を持つ筆者3名が分担し、本書の執筆に当たることにしました。なお、物流コスト研究にも色々な立場やアプローチがありますが、本書では、「企業経営および実務家の役に立つかどうか」を軸に据えて、できるだけ実務家目線からの記述を心がけました。

「物流コストの算定法」といった、実務上重要と思われる内容はできるだけ細かく記述しましたので、やや専門的な印象を持たれるかもしれませんが、本書1冊を読んでいただければ、物流に関する専門知識を持っていなくても、物流コストの基礎から実務まで、一通りの知識を習得できるはずです。ご多忙なビジネスパーソンの方は、ご興味のある章、節だけ読んでいただくのも良いかと思います。

本書が我が国の産業界における物流コストの管理・改善に少しでもお役に立つことを願ってやみません。

なお、本書の執筆に当たっては、公益社団法人日本ロジスティクスシステム協会（ＪＩＬＳ）をはじめとする関係団体の皆様、ヒアリングにご協力いただいた企業・団体関係者の皆様、日本物流学会の先生方には、多大なるご協力を頂きました。この場を借りて御礼申し上げます。また、本書の出版にあたりご尽力いただきました創成社の皆様に心より感謝いたします。

筆者一同

第二版発行にあたって

『物流コストの算定・管理』のすべて　コスト激増時代必須のマネジメント手法」の初版刊行から2年半ほどの月日が経過し、この度、第二版を発行する運びとなりました。この間、トラックドライバーの労働時間規制の見直しなど、大きな制度変更がありましたが、今回の改訂ではこれらを踏まえ、関連する文章の追加を行ったほか、物流コストデータを更新するなどの見直しを行いました。創成社の西田徹氏には今回も大変お世話になりました。改めて御礼申し上げます。

２０２４年2月

筆者一同

【用語について】

○「物流コスト」という用語は、特に注記しない限り、トラック運送業といった物流事業者のコストではなく、荷主企業（製造業、流通業等）のコストを指すものとします。

○「売上高に対する物流コストの金額割合」のことを「対売上高物流コスト比率」「売上高物流コスト比率」、または単に「物流コスト比率」などと言います。文脈に応じて使い分ける場合がありますが、指し示す内容はすべて同じです。

目次

第3章　事業担当役員に理解して欲しい物流コスト——67

第1章

みんなに理解して欲しい「物流コスト」の意義

【この章のねらい】

第１章は，物流コストの基本的な意義，基礎的な知識について取り上げます。章のタイトルにもあります通り，本章の内容は，新人さんから社長さんに至るまで，すべてのビジネスパーソンに理解していただきたい内容です。

第１節では，物流コストがなぜ重要なのか，という経営的な意義を様々な観点から説明します。

第２節では，経営管理のために利用される「KPI（重要業績評価指標)」としても，物流コストが重要であることを説明します。

第３節では，物流コスト管理の意義が着目されるにいたった歴史的な経緯をご紹介します。

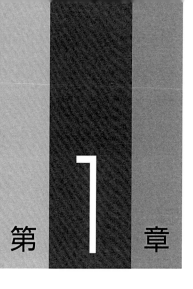

第1節
＜物流コスト管理＞はなぜ経営課題なのか

1 物流コスト激増時代が来た

物流コストが増えると予想できる理由とは？

物流コストの増大が企業業績を圧迫するケースが増えています。

物流網を小口の宅配サービスに頼る通販等の企業や、商品単価の低い食品・飲料企業などではこの影響が大きく出ています。例えば、アマゾンジャパンでは2018年に、配送料無料の基準を引き上げ、実質的な値上げに踏み切っています。また、食品メーカー等で、内容量を少なくして実質的に値上げする「シュリンクフレーション」の動きが見られますが、この原因の1つは物流コストの上昇です。

過去を振り返ると、日本の物流コストは、長期的に低下を続けてきました。

その背景には、規制緩和の進展、産業の高付加価値化、サービス産業化、情報化の進展、物流の負荷が高い重厚長大型産業の海外流出……といった要因が挙げられます。

しかし、これらの「コスト引き下げ要因」のほとんどは、「行き着くところまで行き着いた」のが現状ではないでしょうか。例を挙げれば、1990年代の規制緩和によって、トラック会社の数は約1・5倍に増えましたが、2010年代の後半になると廃業する企業のほうが増え、会社数は減少傾向に転じています。産業の海外流出についても、製造拠点を国内に戻した方がコストが下がる場合があるなど、逆転現象が生じています。

このような状況を踏まえると、少なくとも「物流コストが下がる時代は終わった」と言えるでしょう。

図表には、物流コストの上昇要因と低下要因を整理しています。ここでのポイントは、上昇要因はいずれも、相当な確率で生じる、発生確度の高い要因が多いということです。「少子高齢化による人材不足」がその典型です。

一方、物流コストの低下要因として挙げられる項目には、実現が不透明なものが多く含まれます。例えば、「ＡＩ（人工知能）で物流が大きく効率化される」「配送のロボット化でドライバーが不要になる」といったものです。これらが実現すれば物流コストは大きく下がるでしょう。これは社会的にも望ましいことです。しかし果たして十年後などの近未来に実用化しているか、かなり疑問ではないでしょうか。

これは一例ですが、コスト削減のための施策は、(自動化や情報化も含めて)すでにこれまで取り組まれてきたものがほとんどであり、改善の余地は限られています。技術的なブレークスルーが生じない限りは劇的な改善は望めないと言って良いと思います。

このような全体状況を見据えると、これからは、「何もしなければ物流コストは上がる」というのが新しい常識となる、と言えるのではないでしょうか。

いうまでもなく、物流コストの増大は、企業の利益率を大きく左右します。

物流コストをきちんと管理しなければ、経営に思わぬダメージを与えかねない、そのような時代に突入しているのです。

図表　物流コストに影響を及ぼす主な要因(◎は特に重要なもの)

上昇要因	少子化による人材不足◎	若年労働者の不足によるドライバー，作業者等の不足
	制度要因での雇用難	中型免許制度の導入による影響，短時間労働者への社保適用拡大による影響など
	長時間労働の是正◎	労基法の指導強化，働き方改革の実現による労働時間短縮による影響
	燃料費高騰	原油価格の長期的な上昇による影響
	建設需要の拡大	災害復興等による建設需要の拡大と人材不足の拡大による影響
	運賃適正化の社会的要請◎	運賃・料金の適正収受に向けた行政の動き(運送約款改定，待機記録開始など)
	通販の需要拡大◎	通販貨物の増大による貨物輸送需要の増大
	物流サービスレベルの高度化・高付加価値化	サービスレベルの高度化が進展し，物流の高付加価値化が進む一方，コスト高が生じる可能性
	物流効率化の余地の枯渇	コスト削減のための物流効率化策の実行手段・アイデアなどの枯渇
中立要因	為替◎	仮に円高で推移する場合には，物価の下落を通じて物流コスト比率を引き上げる方向での影響を生じる
	物価◎	仮に企業物価が上昇する場合には，物流コスト比率を引き下げる方向での影響が生じる
低下要因	生産性の向上◎	自動化・ロボット化，AI・ビッグデータ活用など，物流生産性革命に繋がる各種技術の実現による効果
	規制緩和等◎	車両の大型化，自動運転，貨客混載など各種の規制緩和による効果など
	人材確保策の進展	女性や高齢者，学生等社会各層への就労推進の取り組みによる効果
	物流サービスレベルの見直し	コスト高に繋がる小ロット・多頻度・単 LT といった物流サービスレベルの見直し
	コロナ禍等を受けた景気の減速◎	コロナの影響が長期化し，貨物需要が大幅に減少した場合にはその影響は多方面に及ぶ
	物流効率化の技術革新◎	自動運転・配送ロボット化・シェアリングエコノミーなどコスト削減を促進する新たな物流効率化策が，技術革新によって普及する可能性

2 物流コストをご存じですか？

物流コストは物流部門のコストではない

皆さん、「物流コスト」の意味をご存じでしょうか？

この本を手に取られた皆さんは、物流コストについて一定の関心をお持ちだと思います。その意味で冒頭の質問は野暮だと思われるかもしれません。「物流コストなんだから、物流部で支払っている費用のことじゃないか」「財務諸表に運賃、倉庫料金などが載っているから、これが物流コストだ」—。このようにお答えになる方もおられるかもしれません。この答えも完全に間違いではありませんが、しかし、物流コストを管理する意義を理解するうえでは、充分な説明とは言えません。もう少し詳しく考えていきましょう。

会社の中では様々なコスト（原価および費用）が発生しています。「製造コスト」「広告宣伝費」「一般管理費」など挙げ出せばキリがありません。ただし、これらのコストと物流コストとは大きな違いがあります。

前者のコストはすべて（基本的に）財務諸表に計上される項目（勘定科目）です。財務諸表の作成は法律等のルールで規定されていますので、ここに計上されるコストについては、原則的に統一的なルールに従うことになります。従って、企業のコスト算定の担当者としては、範囲や定義を議論する必要はありません。

一方、物流コストは財務諸表上に記載されることはありません。企業の必要に応じて自由に算定することができます。逆に言えば、企業が物流コストを算定するのは、自社にとって意義があると考えているから、ということでもあります。このように、管理の意義（言い方を変えれば、管理の実効性）によって規定されるという点が、物流コストの1つのポイントになります。

では次に、物流コストを管理する意義はどこにあるのでしょうか。

物流コストを構成する代表的な要素は、運賃、倉庫賃料などです。これらは基本的には財務諸表のどこかに計上されていますが、計上されている場所は製造原価や販売費などバラバラです。そして、製造原価は工場の生産管理部、販売費は営業部といったように、管理を担当する部署も通常はバラバラです。しかしこのような、「バラバラな部署」による、ある意味で「縦割り」の管理では様々な問題が生じてしまいます。例えば、生産部門が「製造原価」という狭い範囲での「部分最適」を追求すると、全社的な物流効率という「全体最適」が損なわれています。

物流は文字通り「モノの流れ」ですので、組織の壁を横串に刺すようにして発生します。従ってその物流を管理するためには、コストも縦割りではなく、会社全体を横串に刺すようにして管理することが必要なのです（図表）。

「実物的なモノの流れに要するコストをトータルに把握すること」が物流コストの算定であり、「それを通して全体最適化を図ること」がコスト管理の意義である、と言えます。

換言すれば、「物流コストは物流部門のコストではない」ということでもあります。ぜひビジネスパーソンの皆さんにはこの点をご理解いただきたいと思います。

図表　部門ごとの原価管理では全体最適は実現できない

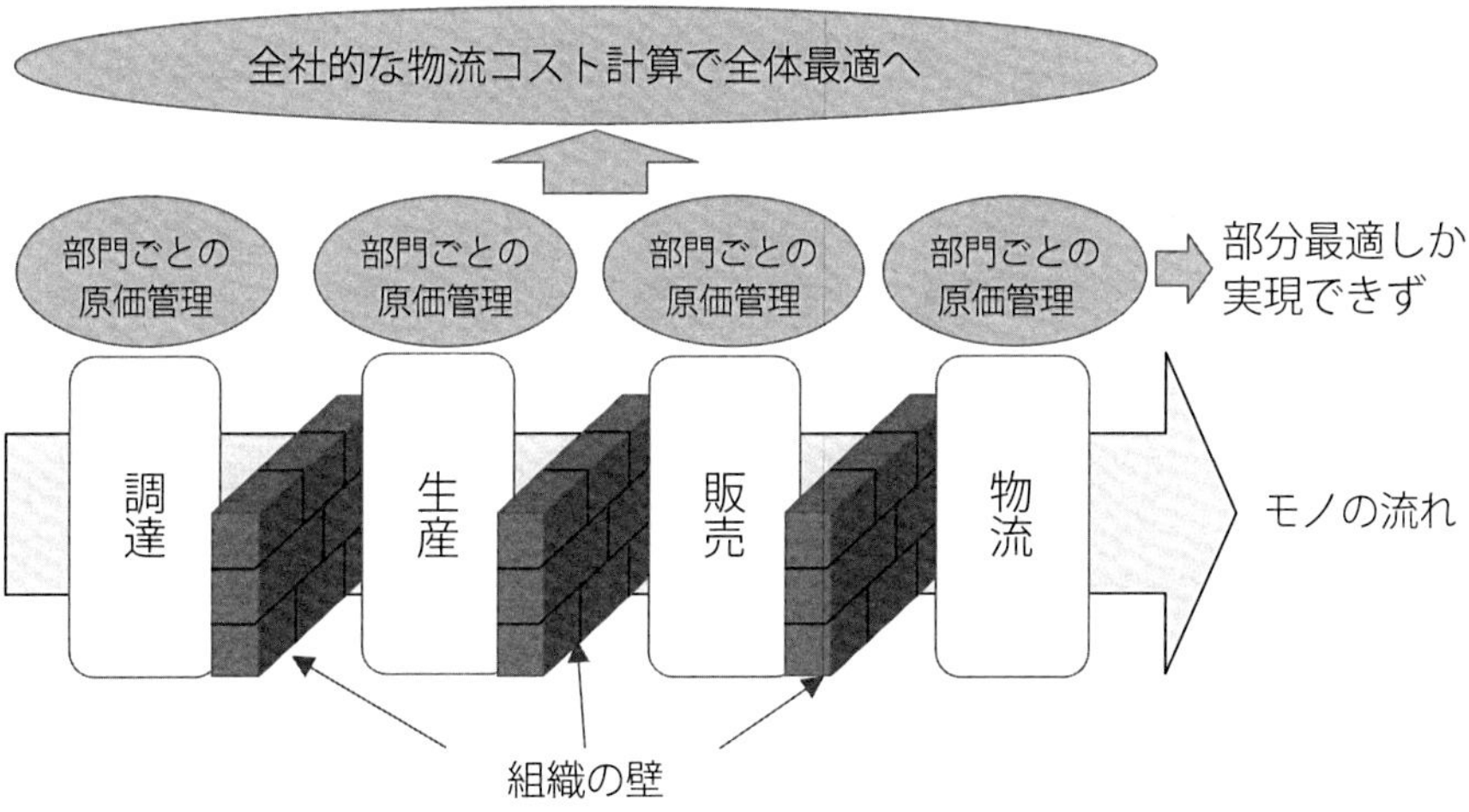

第1節
＜物流コスト管理＞はなぜ経営課題なのか

3 コンビニエンスストアの出店方式に見る物流が競争力を生む理由

儲かっている企業はなぜ物流コストを見据えているのか？

「物流はコアコンピタンスではない」「物流では競争優位は生まれない」――。このように考える経営者の方が（以前よりも少なくなりましたが）、まだおられるようです。もちろん、このような考え方はほとんどの場合は間違いです。

物流の個別オペレーションは、容易に模倣できるかもしれません。その限りでは競争領域ではないとも言えます。しかし、物流ネットワークというシステム全体をコピーすることは非常に難しいのです。

読者の皆さんは「ネットワーク効果（またはネットワーク外部性）」という経済用語をご存じでしょうか。

NTTなどの通信網やJRなどの鉄道網を思い浮かべていただくと良いのですが、ネットワークの経済価値は、その通信網や鉄道網の利用者数に依存し、利用者数が増えることで、ネットワーク全体の価値が増大します。これが「ネットワーク効果」です。

ネットワーク効果は企業の戦略的優位性に繋がりますし、場合によっては競争力が強すぎて、「自然独占」に至ることもあります。

これと同じ事が物流についても生じます。

物流ネットワークの価値はサービス利用者の「層の厚さ」によって決定されます。そのため、例えばアマゾンなどの通販大手では100億単位のコストをかけて物流拠点を構築しても ペイする一方、中堅のカタログ通販会社には同じような投資はできない、といった競争力の差異を生じます。

そして、このような差異は物流コストが高い製品・業種ではより顕著になります。

物流コストが高い業種といえば、小売業でいえば通販と並んでコンビニを挙げることができます。通販と同様、コンビニ業界でも物流コストを見据えた経営が進んでいますが、これはもちろん、偶然ではありません。

例を挙げてみましょう。

セブン-イレブン・ジャパン（以下、セブン）はコンビニ業界のビジネスモデルを確立した、業界の始祖と言える会社です。よく知られているように、セブンは古くから「ドミナント方式」により店舗展開をしてきました。ドミナント方式とは、一定の人口を持つ圏域ごとに物流センター、弁当工場などを集中的に立地させ、その物流センターから配送できる圏域（一般的には30㎞程度と言われます）の中に、３００店舗前後の店舗を集中出店させるという戦略です。

コンビニというビジネスは弁当などの鮮度が生命線であること、店舗が小型で在庫スペースが限られることから、１日に何度も店舗納品が必要となります。加えてコンビニの基本的性格は多アイテムを扱う小規模店舗ですので、多頻度・小ロットの配送とならざるをえません。このため、配送コストは他の小売りよりもずっと高くなってしまいます。

しかしながら、ドミナント方式を採用すれば競争力を損なわない程度の物流コストで配送できます。これは、集中出店によるネットワーク効果によるものです。

セブンでは、ある圏域が出店可能なエリアかどうか、物流コストをもとに決定しているということですので（注1）、物流コストに基づいた経営方針の帰結が、ドミナント方式に結実したと言うこともできると思います。

図表　コンビニにおけるネットワーク効果

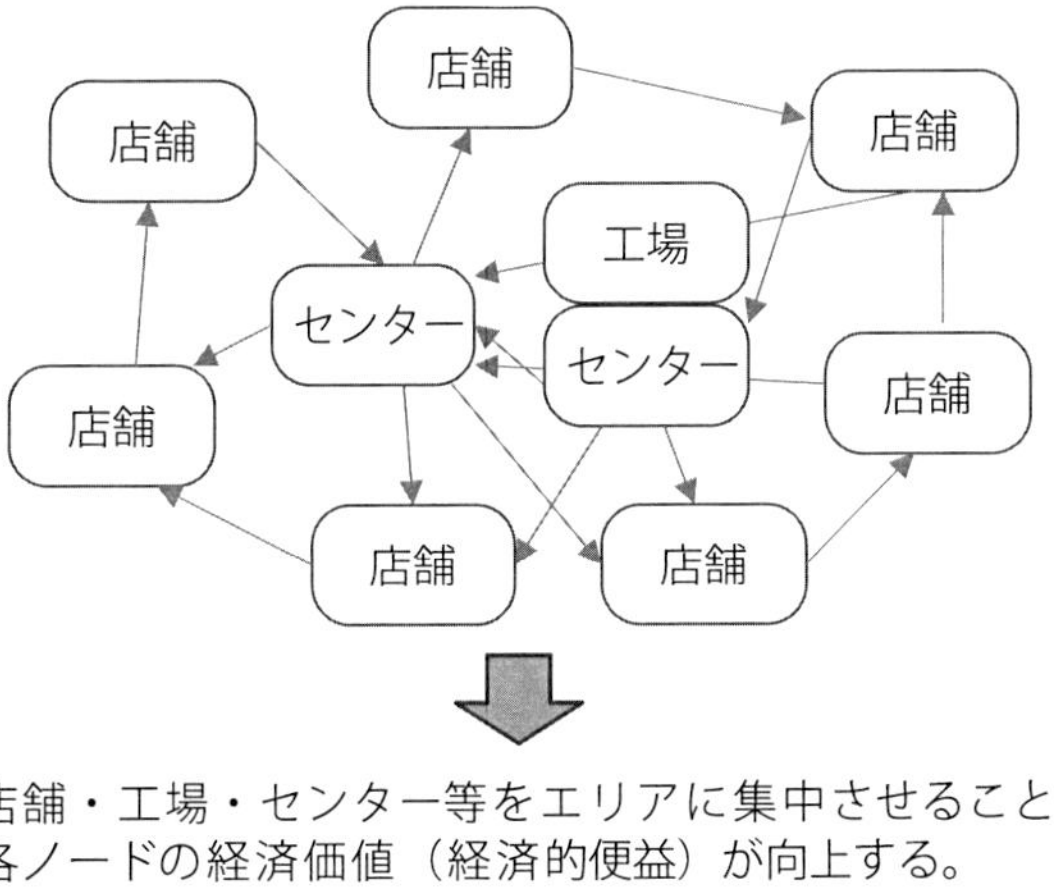

店舗・工場・センター等をエリアに集中させることで，
各ノードの経済価値（経済的便益）が向上する。

出所：コンビニ資料から筆者作成。

【注】

（1）信田洋二「セブン-イレブンの「物流」研究」『商業界』、２０１３年。

第1節
<物流コスト管理>はなぜ経営課題なのか

4 デザインだけではないＩＫＥＡのビジネスモデルのすごさ

儲かっている企業はなぜ物流コストを見据えているのか？

前項では、物流が戦略的優位性を生じる要因として「ネットワーク効果」を挙げ、例としてコンビニ業界を取り上げて説明しましたが、これとは異なるパターンで物流の競争優位を確立しているケースもあります。特にメーカーの場合に、いわば「バリューネットワークの最適化」とでも言えるような、物流を巡る全体最適化が優位性を生んでいるケースが見られます。

なお、バリューネットワークとは、「あるニーズを持つ顧客層に対し商品を供給する製造、流通、サービス等の企業群」のことです（注1）。企業の活動は、部品や原材料の供給メーカー、製造装置のメーカー、流通サービス業など多様な企業群によって支えられています。これら企業群が、そこに属する企業のコスト構造等を、その企業の意思に関わりなく決定づけているという点が重要です。コスト競争力を失っている業種を見ると、企業単体というよりも、その企業が属しているネットワーク全体が競争力を失っているケースが多く見られるのです。

この非常にわかりやすい例が、家具業界です。家具業界は典型的な地場産業ですが、地場産業はその特徴として、原材料の供給元、加工工場、流通サービス業などが地域内に集中的に立地します（これを「産業クラスター」などと呼ぶこともあります）。産業クラスターは、競争力を高める場合も少なくないですが、家具のような地場産業では、企業群全体がその競争力低下に伴って衰退していったと言えると思います。家具に限らず、「構造不況業種」などと呼ばれる業種には、このような現象がよく見られます。

さて、前置きが長くなりましたが、このような家具業界にあっても、成功している企業があります。例は色々と挙げられますが、やはり代表格は、家具の製造小売業（ＳＰＡ）であるＩＫＥＡでしょう。実はＩＫＥＡは物流コストを重視する経営戦略でも知られていますが、これは偶然ではありません。

家具は大型商品であり、搬入・据え付け作業が発生するなど、物流コスト負担の大きい製品の代表格です。この中でＩＫＥＡは、バリューネットワーク全体を再設計することで、ローコストな物流システムを構築しているのです。

ＩＫＥＡの物流といえば、顧客が自ら持ち帰って組み立てるというセルフサービス型のシステムが有名ですが、同社の工夫はそれだけに留まりません。

まず、製品は設計段階から物流に考慮されています。ほぼすべての製品が「フラットパック」と呼ばれる規格化された薄型の荷姿に梱包されています。フラットパックは自家用車の荷台に最適なサイズとなっており、顧客が自ら持ち帰ることを可能にしています。さらに、一定の規格化された形状であるため、店内の倉庫や、輸送コンテナの積載効率も向上するのです。製品の設計上は、さらに部品単位でモジュール化され、複数の製品で共通化されています。これは在庫削減や荷役効率の向上に繋がります。

また、製品を工場・物流センターから店舗まで配送する方法も工夫されています。ＩＫＥＡでは製品を海上コンテナに載せたままで、店舗まで直接輸送する仕組みを取っています（一部の都市内店舗を除く）。これによって、輸送途上での保管・荷役コストが削減されます。

ＩＫＥＡの店舗バックヤードをのぞくと、コンテナが直付けできる専用バースが整備されています。ＩＫＥＡの店舗は街外れの一見不便な場所にありますが、なぜかと言えば、大型の国際海上コンテナで店舗に直送できるように設計されているためです。また、店舗からの顧客持ち帰りを含めた物流の全体最適が考慮されていることもその理由です。言うまでもなく、これも物流コスト上の優位性を生んでいます。

これら個々の取り組みは簡単に模倣できますが、ＩＫＥＡがほぼ独自に構築しているバリューネットワーク全体をコピーするのは至難の業だと言えるでしょう。

以上、前項と本項で、物流コストが競争優位に繋がるケースを２つ、企業事例とともに紹介しました。以上の説明から、「物流は競争領域ではない・コアコンピタンスではない」といった説明が妥当ではないことをご理解いただけたかと思います。

【注】

（1）バリューネットワークが企業におけるイノベーションを阻害し、衰退を生じる要因については、クレイトン・クリステン「イノベーションのジレンマ」（Harvard Business School Press）を参照のこと。

2024年問題と物流コストの可視化との関係

◇2024年問題とは

メディアでもたびたび取り上げられているとおり、トラックドライバーの人手不足が加速しています。

その主因はドライバーの労働条件の劣悪さです。ドライバーは賃金が他産業に見劣りする一方、労働時間が他産業を2割も上回るほど長時間労働であることが知られています。

このような問題を是正するため、ドライバーの労働条件を定める法規制である「改善基準告示」の見直しが行われています。この新規制は2024年4月に施行されますが、この新規制のもとでは、月間の拘束時間を概ね10時間削減することが必要となります。図表に示したとおり、現在は月間320時間の拘束が可能ですが、改正後は310時間までに制限されます。なお、拘束時間とは労働時間のほかに運行途上の休息や昼食時間を含む概念です。

いずれにせよ、拘束時間の削減は輸送能力の低下につながります。これが2024年問題の背景です。

◇ガイドラインが示す「物流コスト可視化」

もちろん、ドライバーの労働条件改善はぜひとも必要なことです。一方、以上でみたとおり2024年問題は「モノが運べない」という物流危機を深刻化させる側面があることも否定できません。

このような物流危機への懸念の高まりに対し、国も対策を進めています。対策には企業の協力が必須であることから、企業の取り組み指針をまとめた「物流の適正化・生産性向上に向けた荷主事業者・物流事業者の取組に関するガイドライン」（以下、ガイドライン）が公表されています。

このガイドラインの特徴は、トラック会社等の物流事業者だけでなく、荷主も対象としていることです。物流効率化には荷主の協力が不可欠だからです。

さて、ガイドラインには、物流コストに関連する記述も少なくありません。例えば、「燃料サーチャージの導入」「高速料金の実費の運賃への反映」「荷役作業等に係る対価の支払い」といった事項が定められています。

この他にも、物流コストに関連してガイドラインで目を引く記述があります。それが、以下に引用した「物流コストの可視化」の項目です。

> 物流コストの可視化：着荷主事業者との商取引において、基準となる物流サービス水準を明確化し、物流サービスの高低に応じて物流コスト分を上下させるメニュープライシング等の取組を実施し、物流効率に配慮した着荷主事業者の発注を促す。

◇物流コスト算定が必要

周知のとおり、日本の商慣行では、運賃込みで商品の売買を行うことが一般的です。その一例が、通販で良く問題視される「送料無料」という表示です。実際にはこの場合も、物流コスト相当額が商品価格に上乗せされているわけですが、買い手側が明示的に物流サービスを負担していないということが、大きな問題であるわけです。

なぜなら、「タダ」で享受できるサービスに、効率化するインセンティブは働かないのは当然だからです。なんと言っても、「タダ」なのですから。

通販以外でも同じことが言えます。つまり、物流コストを明示しないことが、効率化を妨げている側面があるのです。

ガイドラインが物流コストの可視化を求めているのは、以上のような背景によります。

一方、荷主が商品本体価格と物流コストとを区分して表示するには、まず、自社の物流コストを把握することが必要です。さらに言えば、少なくとも顧客別に把握することは必須だと思います。顧客によって異なるコストを、一律に顧客に請求することは難しいでしょう。

このように、２０２４年問題には、実は物流コストの問題が深く関わっています。物流コスト算定は、２０２４年問題が求める物流効率化の前提条件だと言っても良いと思います。

図表　改善基準改正の概要

	現行	見直し後
1年の拘束時間	3,516時間	原則：3,300時間
1か月の拘束時間	原則：293時間 最大：320時間	原則：284時間 最大：310時間 （1年の拘束時間が3,400時間を超えない範囲で年6回まで） ※　284時間を超える月が3か月を超えて連続しないこと。 ※　月の時間外・休日労働が100時間未満となるよう努める。
1日の休息期間	継続 8時間	継続11時間を基本とし，9時間下限 ※　長距離・泊付きの運行の場合は，運行を早く切り上げ，まとまった休息を取れるよう例外を規定。

資料：厚生労働省資料。

第2節
KPIとしての「物流コスト」

1 物流コストは企業物流の最重要KPI

なぜ物流ではKPI管理が有効なのか？

企業の経営管理・戦略実現ツールとしての「ＫＰＩ」に注目が集まっています。

ＫＰＩ、すなわち「重要業績評価指標」（Key Performance Indicator）について詳しく学びたい方は類書をご参照いただきたいですが、物流分野の実務家としては、「ＫＰＩとは、企業内のプロセスを管理する各種指標のうち、戦略的に特に重視されるもの」、という程度にざっくり理解していただければ充分でしょう。

ＫＰＩを「各プロセスの執行担当者が責任をもって設定し、その「達成にコミットする」ことで、会社全体の戦略目標が達成されること――。これがＫＰＩの導入の基本的な意義です。

実は、物流はＫＰＩ管理が非常に有効な領域として知られています。これはなぜでしょうか。

この理由を理解するうえで重要なポイントは、ＫＰＩは「可視化」と「コミュニケーション円滑化」という効果を持つという点です。

ＫＰＩは現場の見えない問題点・課題を数値化して浮き彫りにする効果を持ちます。

物流は取引先を含む会社の外（店舗・倉庫）、公道上（道路輸送）などで遂行されます。そのため、管理者からは「見えない」範囲・領域がほとんどだ、と言ってもいいくらいです。そしてこの「見えない」という点が物流の大きな問題点となるのです。

現場改善に関してよく言われることですが、目に見える問題点に対しては改善の動機付けが働きますので、すぐ改善されます。これは逆に言えば、見えない所にこそ、問題が潜んでいるということです。この意味で、物流の課題改善にはＫＰＩの「可視化」が威力を発揮するということになります。

もう１つのポイントは「コミュニケーションの円滑化」です。

物流は、読んで字のごとく「流れ」であり、企業・組織をまたいで河のように流れていきます。従ってその改善には、組織をまたいだ連携が不可欠です。一方、違う組織との間で目標意識を共有したり、コミュニケーションを取ったりするのは大変です。その点、ＫＰＩという「数字」は、極めて公平・公正な基準を与えてくれます。ＫＰＩを言語として共有することによって、コミュニケーション上の障害がかなり改善されるのです。

さて、荷主の物流管理には、コスト、在庫、品質、環境など様々なテーマがあります。よってＫＰＩはこれら分野に対応したものが設定されるのが一般的です。しかし、分野ごとの関心度には大きな差が見られます。

筆者はこれまで荷主企業が実施するＫＰＩ管理について、様々な調査を実施してきましたが、これまでの調査で一貫しているのは、これらの各種分野の指標のうち、物流コストに荷主の関心が集中しているということです。

これはある意味で当然の結果と言えるでしょう。なぜなら、企業活動が継続する大前提は、収支のバランスが取れることですので、コスト管理は他の管理よりも優先されるからです。

ＫＰＩ管理はいろんな階層で実施されますが、このうち最上位の階層では、（物流部門に留まらない）会社全体の物流を総合的に管理する各種ＫＰＩが設定されます。その中に物流コストの指標を位置づけることで、部門ごとの部分最適ではない、全体最適を実現することへの動機付けが生まれます。この点は、企業の物流管理のコンセプトを理解するうえで、非常に重要なポイントです。

図表　ロジ・物流 KPI の階層と物流コスト

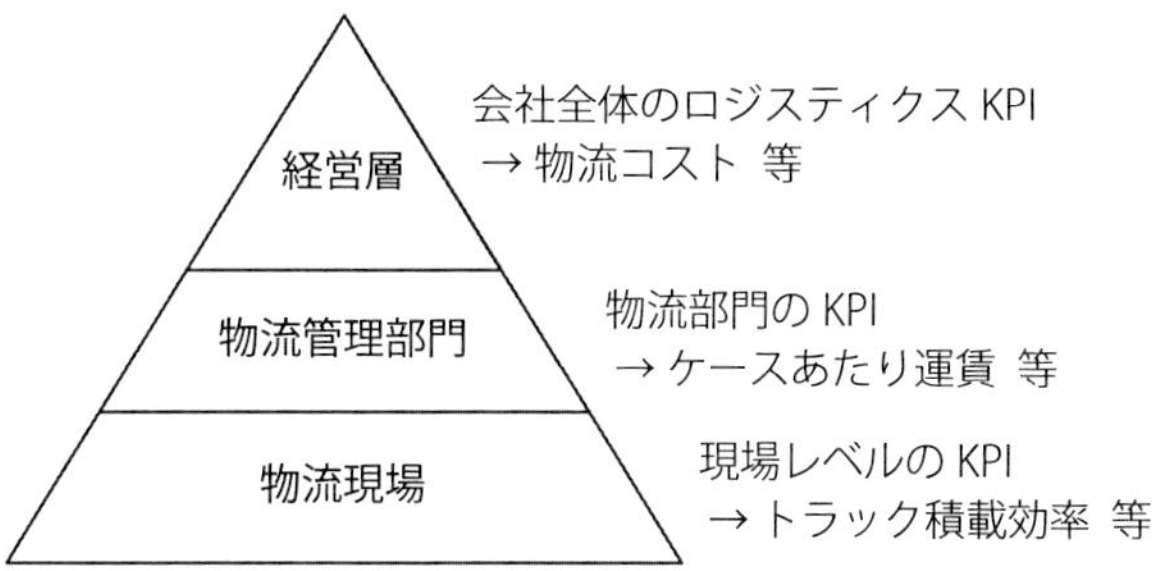

第2節
KPIとしての
「物流コスト」

2 KPIが見えない問題を可視化する仕組み

KPI管理の深掘りが、物流コスト管理の効力を高める

前項でKPIによる「可視化」について触れました。この点を物流コストとの関係で少し掘下げてご説明したいと思います。

ひとことで「KPIによる可視化」と言いましたが、細かく見ていくと3つの段階に分けて考えることができます。

まず、1段階目の可視化は「問題点の可視化」です。KPIで数値化することで、数値の悪化＝問題の発生を容易に可視化することができます。

この「問題自体が可視化されること」自体に大きな意味がある、という点は前項でも述べましたので繰り返しませんが、一言で言えば、可視化によって改善のインセンティブが生まれるというメカニズムがあるからです。

しかし一方で、このレベルの単純な可視化では問題が残ります。企業内で問題点が指摘された時に何がおきるでしょうか？「たまたま悪くなっただけだ」「悪くなったのは事実だが、オレのせいじゃない」といった責任逃れ、責任の押し付け合いが起きるのは容易に想像できるのではないでしょうか。

そこで重要なのが、2段階目以上の可視化です。

2段階目の可視化は、「原因の可視化」です。なぜ問題が生じたのか、原因は何か、について可視化するということです。原因の特定と問題の解決とは表裏一体の関係にあります。また、組織内での言い訳・責任逃れを排除することにも繋がります。

3段階目の可視化は、「原因者（人・組織）の可視化」です。企業における問題の多くは、人・組織に帰着しますが、特に物流は人的要素が強い領域ですので、人へのひも付けできる場合が多いと言えます。問題を起こしている、いわば「犯人」の特定が改善に繋がることについては説明の必要もないでしょう。

理解を深めるため、以上を物流コストの事例に置き換えて見ていきましょう。

「最近、○○事業部の輸送費が増えている」――。これは

「問題点の可視化」です。

では、配送コストが増えている原因は何でしょうか。これを明確化するのが２段階目の「原因の可視化」です。配送コストが上昇する原因は様々なものが考えられます。代表的なケースとしては、「出荷が小ロット化して積載率が落ちている」「ケースサイズがパレットと不適合を起こしている」「運賃水準が上がっている」などが考えられそうです。

この次のステップで、誰が原因を生じさせているか、という「原因者の可視化」に進んでいくことになります。ここで注意して欲しいのは、これら原因の多くが、物流部門以外に帰着する、ということです。

例えば、小ロット化しているのは「営業部門」、パレットサイズ不適合は「製造部門」という具合です。このように、問題を発生させている側と、問題のコストを払っている側とが分離することが多いというのも、物流の大きな特徴と言えます。

逆に言えば、物流管理にＫＰＩという可視化ツールが必要とされるのは、物流にはこのような部門横断的な特性があるからだとも言えます。

一般化して言えば、物流コストという上位の（アウトカム（成果）レベルの）ＫＰＩに対し、コストの増減を生じる「ドライバー（原因）レベルのＫＰＩ」を設定する。それを人・組織と関連づけて管理する――。このように、物流コスト管理とＫＰＩ管理とを、お互いに連携させて管理することで、コスト管理がより有効に機能することになります。

図表　３段階の「可視化」と物流コストの関係

			物流コストの例
１段階	“問題点”の可視化	どういう問題が発生しているか	←配送コストが増大している
２段階	“原因”の可視化	問題の原因は何か	←原因は受注の小ロット化だ
３段階	“原因者”の可視化	問題は誰（人・組織）に帰着するか	←○○営業所で小口受注が増えている

第2節 KPIとしての「物流コスト」

3 KPIで企業間コミュニケーションを促進

KPIで荷主と物流事業者との連携を図る

可視化と並ぶKPIのもう1つの効果、「コミュニケーション円滑化」についても、物流との関連で掘り下げて考えてみましょう。

物流は一言で言えば「モノを運ぶフロー」ですので、必然的に組織の壁を越えて流れて行きます。従って、組織間の共通言語としてKPIが重要となるわけですが、これが前々項で紹介したKPIのコミュニケーションにおける基本的な意義・役割です。

このような「組織のカベ問題」は、当然のことながら最近になって始まった問題ではありません。各社とも、長く物流効率化に取り組んできたため、各社単体での効率化では大きな効果を上げることが難しくなってきています。そこで、企業をまたいだ効率化へと関心が移ってきているのです。物流のコストアップを生んでいる未解決の問題の解消には、企業の壁を越えたコラボレーションが必要という認識は、物流業界で広く共有されていると言えると思います。

このような問題の代表格と言えるのは「待機問題」ですので、これを例として、KPIのコミュニケーション上の意義を説明しましょう。

近年、物流のコスト増を生じさせている要因として「トラックの長時間待機」が問題視されています。

数年前に国交省が行ったドライバーの運行実態調査によると、平均で13時間弱となる総拘束時間のうち、なんと平均で4時間近くが待機や付帯作業等といった業務に費やされていることが分かっています。労働時間の3割程度が輸送以外の業務に割かれているわけで、このような納品現場の非効率な実態が、物流の生産性を低下させていると言えるわけです(注1)。

従って当然のことながら、トラック業界では待機の解消は長年の悲願なのですが、「組織間の壁」がネックになってなかなか改善が進んでいません。

荷卸し待機を発生させている主体は、荷物を受け取る側の

「着荷主」です。しかし、着荷主と運送会社とは直接の契約関係にはありません。そのため、いくら長時間待機が発生しても、待機料金などを着荷主に請求することはできません。そのため運送会社としては、「発荷主を通じて」着荷主に改善を依頼することになります。

しかしこの際に色々な問題が発生します。まず第一に、着荷主は発荷主にとっては商品を買ってくれる「お客様」ですから、力関係上、強く言えません。

次に、発荷主の社内では、着荷主（＝顧客）への対応は営業部門が担っているのが普通です。そのため運送業から見ると、「発荷主の物流部門→発荷主の営業部門→着荷主」という回りくどいルートで改善要望を伝達するしかありません。

このような「伝言ゲーム」が上手くいかないのは容易に想像できるのではないでしょうか。

このような条件下で、運送会社が改善の効果をあげるには、どのようにすれば良いでしょうか？

組織をまたいだ複雑な伝言ゲームで改善が進まない要因の1つは、「要望事項をきちんと伝達する共通言語がないこと」です。そして、企業間の共通言語として最も望ましいのは「数字」であることも異論はないでしょう。数字は言語では実現できない「客観性」を担保するものですから。

これは一例ですが、物流上の様々な組織間のコミュニケーション問題解決にKPIを活用するというのが、近年の大きなトレンドとなっています。

図表　待機問題の改善を阻む構造

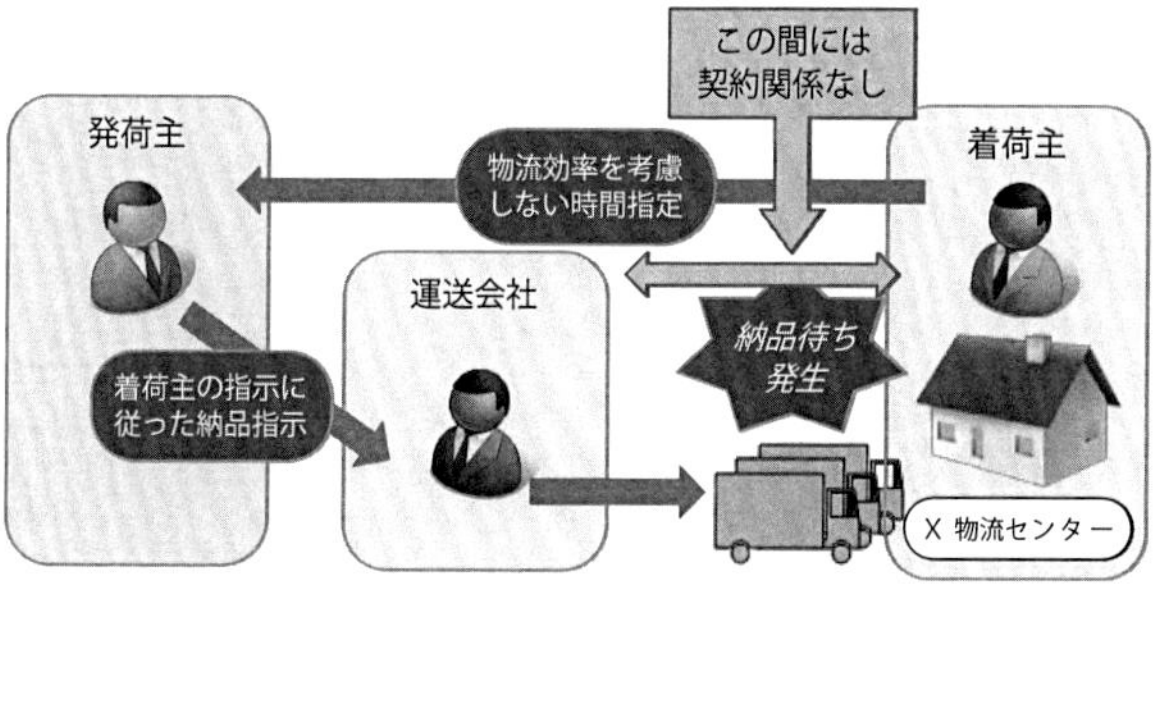

【注】

（1）国土交通省「トラック輸送状況の実態調査結果」2015年。

第3節
歴史に学ぶ
物流コスト

1 物流は「暗黒大陸」？

ドラッカーの「物流暗黒大陸説」と西澤先生に学ぶ

本節では物流コストに関する歴史を振り返ることにより、今後に活かすためのヒントを探ってみましょう。物流コストにスポットライトが当たり始めたのは、ドラッカーが1962年にフォーチュン誌に寄稿した論文「The Economy's Dark Continent」が端緒だと言われています。ドラッカーは、流通についてアフリカ大陸を例にして未知の領域、つまり暗黒大陸であることを警告しました。加えて、流通は全く軽視されていましたが、将来有望であることを予言したのです。当時アメリカには輸送や保管など個別の機能についての専門家は多数いたものの、全体を理解している人はほとんどいなかったとのことです。ドラッカーは、流通の役割と構造を理解するためには、経済の理論や分析方法についての最新のコンセプトと最新のデータが必要だと看破しています。従来の慣習や直感にとらわれず、データに基づいて科学的に切り込まないと、暗黒大陸である流通分野に切り込むことは困難であると解釈できます。

一方、日本における物流コスト研究の権威でいらっしゃる早稲田大学名誉教授の西澤脩先生が1970年に『流通費　知られざる〝第三の利潤源〟』を出版されています。その冒頭ではドラッカーの説を受け、「流通の世界は、生産や消費に比べて近代化がいちじるしく立ち遅れており、まさに暗黒大陸の状態である」と問題提起しています。具体的には、メーカーから消費者までの長くて複雑な流通経路と、貨物輸送の管理の立ち遅れにより、小売価格の6割が流通費となっている。人件費や物価の上昇と販売競争の激化に加え、重い流通費の負担により、倒産の危機に瀕している企業もある。これらの問題を解決するためには、流通経路の再編成、協同一貫輸送の推進、情報管理のコンピューター化など10の戦略を推進すること、を提案しています。さらに、流通問題や流通費は企業関係者だけでなく、消費者であるすべての国民にとって切実な関心事であり、常識であると言い切っています。

図表　流通＝暗黒大陸

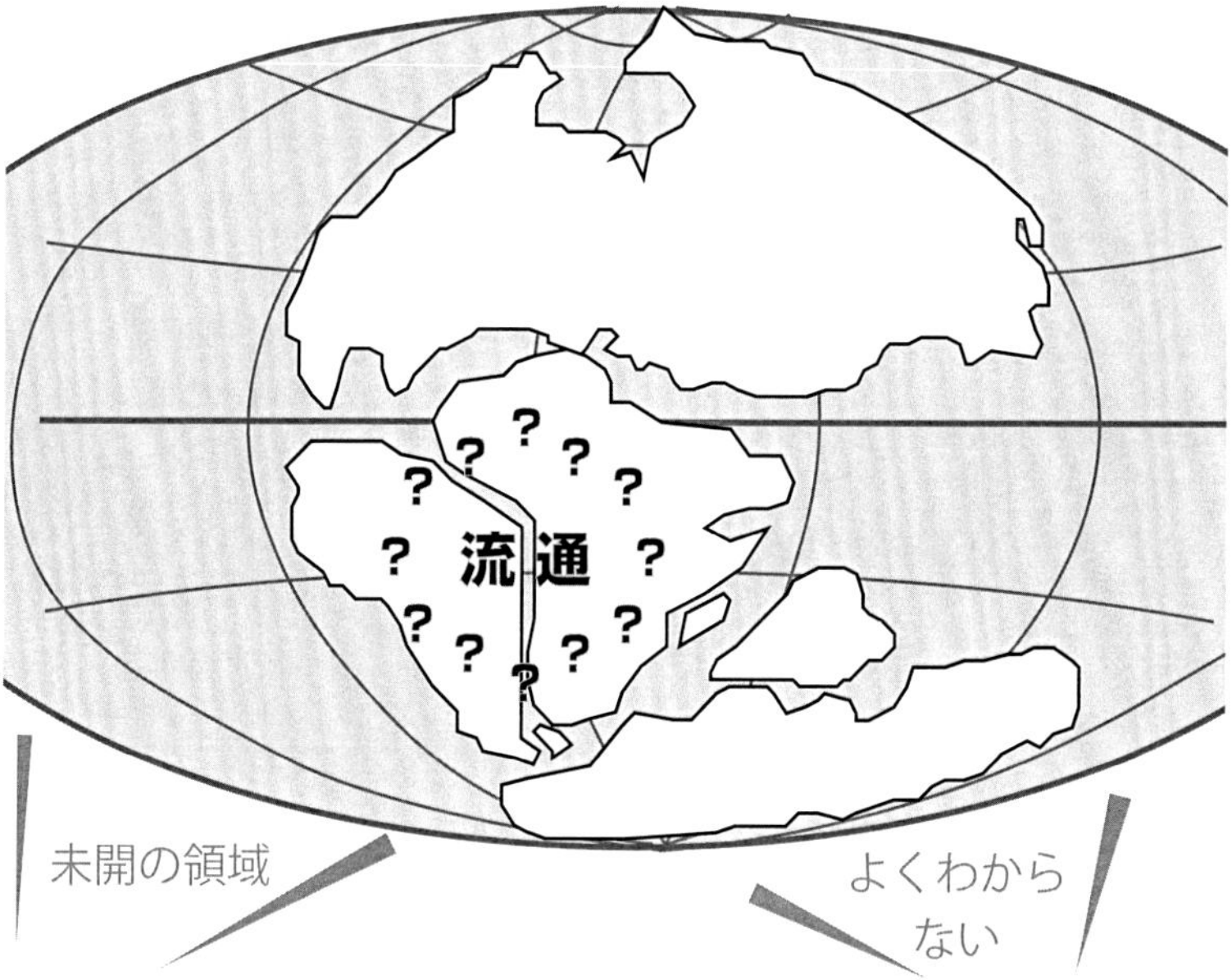

　この2人の大家が指摘している点は、50年経った現在においても本質をついており、少しもさび付いていないことに驚かされます。にもかかわらず、その後の半世紀にわたり、特に日本の製造業は製品が良ければ売れるといった考え方が強すぎ、流通・物流分野の重要性を認識することが海外の企業と比べて遅れてしまった感があります。ドラッカーや西澤先生の提言を真剣に受け止めていたら、失われた30年といわれる日本経済の低迷も避けられたかもしれません。筆者も含めて流通分野に携わる人は今一度歴史から学び、具体的に変革を進めていく責務がありそうです。

参考文献

Drucker, Peter F. “The Economy's Dark Continent,” Fortune, April 1962.

西澤　脩『流通費　知られざる〝第三の利潤源〟』光文社、1970年。

第3節
歴史に学ぶ
物流コスト

2 物流氷山説と物流倒産説

アウトソーシング進展により自家物流費は減少傾向にあるが、……

西澤先生は2005年に物流コスト管理における3つの課題として、物流氷山説、物流倒産説、物流利潤説を提唱されました。「物流氷山説」は、図1の通り、物流コスト全体を氷山に例えたものです。水面上に見えている損益計算書から容易に集計できる支払物流費に対し、水面下に把握しきれていない自家物流費が隠れていることに警鐘を鳴らしています。図2によるとかつては物流子会社支払分を含めると水面下の自家物流費は53％と全体の半分を超えています。なお、物流子会社は、従来は物流部、輸送部など自社内にあった組織を別会社に切り出しているので、ここでは自家物流費として算定しています。

しかし、現在ではアウトソーシングが進んでいるため、水面下の自家物流費はそれほど多くはないのではないか、との疑問を持たれる方もいるかもしれません。JILSの物流コスト調査によると、自家物流費と支払物流費の割合は、1995年を境に支払物流費の比率が低下する傾向にあります。これは、氷山の水面下の部分がアウトソーシングにより、水面上に見えるようになってきているということです。しかし、卸売業（数社）におけるデータで検証したところ、この傾向は、最近でもほぼ同様である場合もあることがわかりました。物流コスト全体はJILSの調査によると約9・5％、水面上に見えている損益計算書から把握可能な支払物流コストは約4％と、水面下の物流コストの方が大きくなっています。さらに言えば、JILSの調査の対象は大手企業に偏っていますので、日本の企業の大部分を占める中小企業では、まだまだ自家物流の比率が高い企業も多いことも考慮する必要があります。従って、引き続き企業では適切な経営の意思決定を行うためにも、水面下の自家物流費を把握して氷山全体としての物流コストの全貌を明らかにする努力を続ける必要があります。

次に「物流倒産説」とは、物流が企業倒産の元凶となるとの考え方です。「物流氷山説」で警告したことを守らないと、

図表　物流氷山説

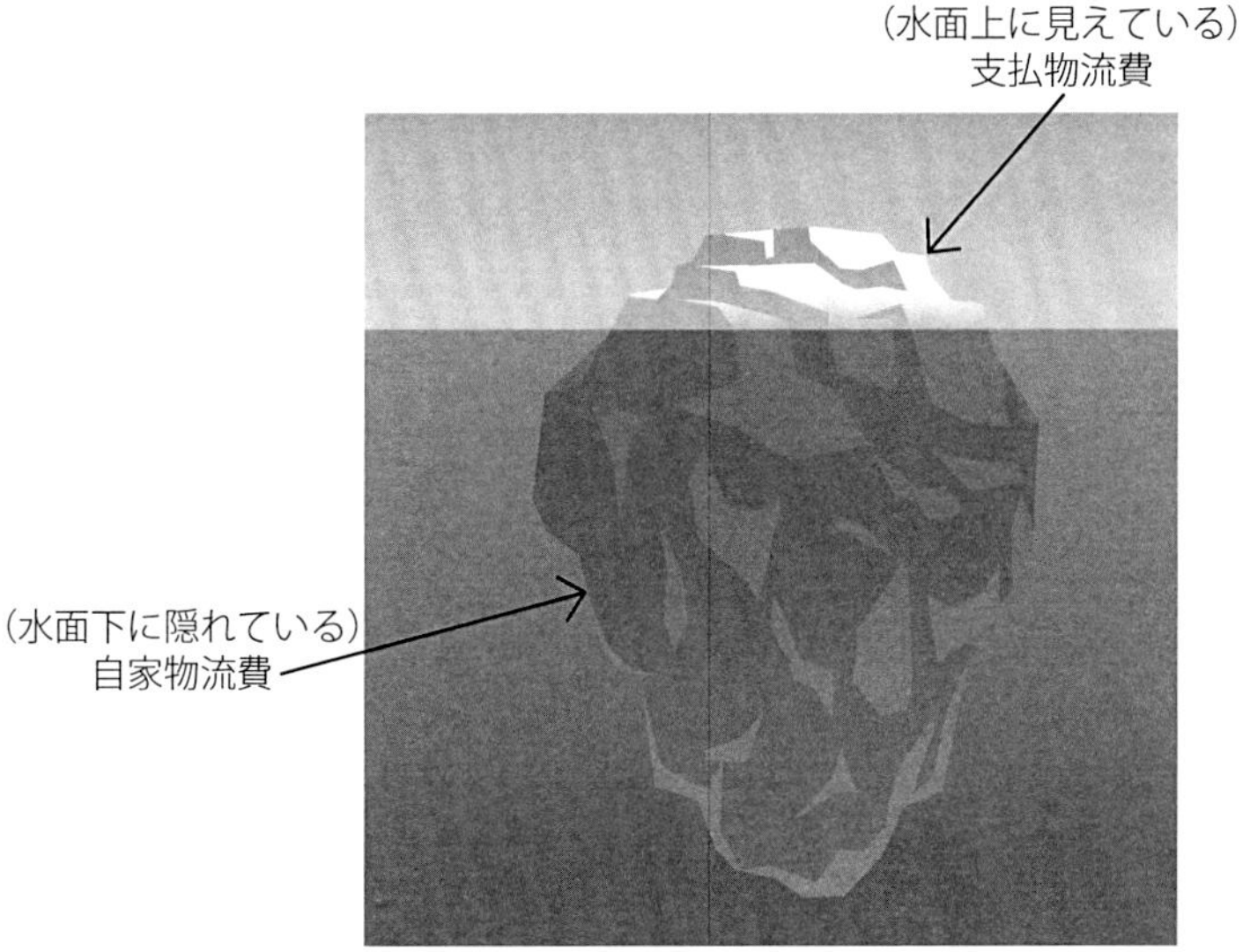

倒産の危機に直面しかねないということです。水面上に見えている支払物流費だけが物流コストの全貌だと勘違いしている企業では、物流コストを実態より過小評価することになります。知らない間にコストが流出して、収益が悪化し倒産に繋がらないように注意すべきだということです。物流コストが正確に把握できていないと、営業部門は粗利をどの程度確保すれば利益が残るのかわかりません。このような企業では、儲かっているはずの顧客でも、実際は赤字であるなどの事態が発生してしまうのです。従って、前節で説明したように営業部門の適正な収益管理を行うためにも、物流コストの全貌を正しく把握することは大変重要です。幸い最近では物流コストを軽視する企業は珍しくなっているので、このような事例は当時に比べて減っていると考えられます。是非、この機会に皆さんの会社でも水面下に隠れていて把握しきれていない物流コストが残っていないか、もう一度点検されることをお勧めします。

参考文献

西澤　脩「物流は第三の利潤源　物流倒産説から物流利潤説へ」『流通設計21』２００５年５月号。

3 物流は第三の利潤源

物流から利益を生む、または、大幅に企業収益を悪化させないためにも物流は重要

企業（製造業）の利益は、売上拡大と製造原価の低減により増大しますが、それらに次ぐ第三の利潤源として物流コストの削減があります。特に、不景気になり売上が簡単に伸びなかったり、原価低減の取り組みを長らく続けてきたりした環境下では、第一の利潤源としての売上拡大、第二の利潤源としての製造原価低減に大きな期待はできません。そこで、オイルショックなどを契機として、第三の利潤源として物流コストにスポットライトが当たったのです。失われた30年と言われている昨今においても有益な考え方だと言えるでしょう。

日本企業の利益率は国際的にも低い水準に留まっていることも、利潤を増やすには物流コストに着目すべき理由となります。低い利益率の企業では、売上高向上により利潤を増やすためには、大きく売上を伸ばす必要があります。一方、製造原価と同様に、物流コストは削減した分がそのまま利潤の増大に寄与するので大きなインパクトがあります。

昨今の物流コストが上昇基調にある時期に何を言っているのかと、反論される方もいらっしゃるかもしれません。もちろん、現在の環境下では「物流から利益を生む」ことは難しいかもしれません。しかし、企業の収益を大幅に悪化させないためにも物流が重要であるとは考えられないでしょうか。例えば、売上高利益率が1％、売上高物流コスト比率5％の企業において、物流コストが10％上昇してしまった場合を考えてみましょう。売上高の増大により同水準の利益を確保するためには、売上を2倍にしなくてはなりません。もし、物流コストの上昇を5％に抑えることができれば、売上は1・33倍の増加で同水準の利益が確保できる計算になります。1・33倍の売上増加も現実的ではないにしても、物流コストの増減は企業の利益に大きく影響することをイメージして頂けたのではないでしょうか。そのためにも、現在の物流コスト上昇環境下でも、コスト上昇を抑える努力を続ける必要があります。例えば、何度も申し上げている通り、物流コストの削減がありますが、

図表　売上と物流コスト増減の利益へのインパクト

前提条件：売上高 100 億円，売上高利益率１％，売上高物流コスト比率５％

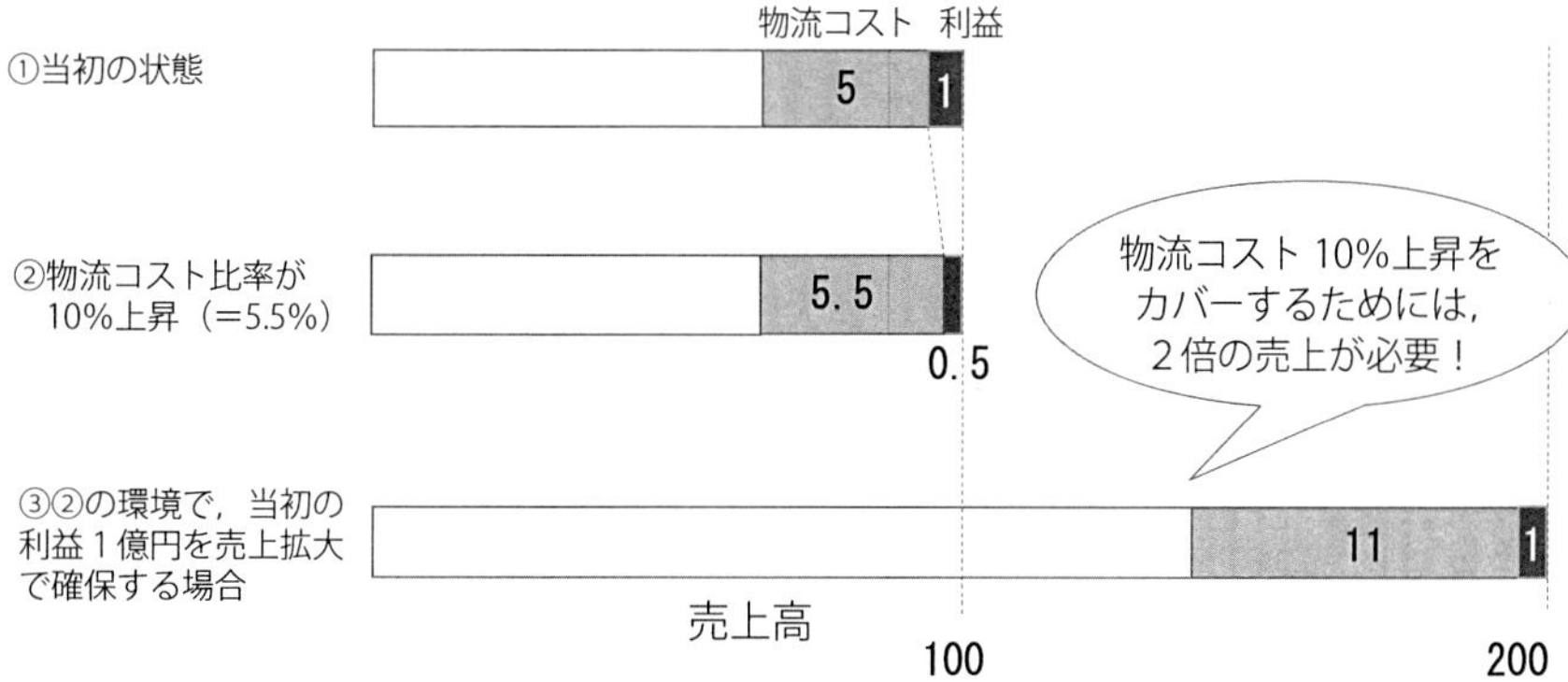

（図中の単位は億円）

ストは「単価×数量」で成り立っていますので、作業や運送の単価の上昇局面では、作業の工数、配送距離などの数量を減らすための仕組みの見直しで切り抜ける方策を検討してみましょう。

物流コストが上昇している現在、「物流は第三の利潤源」との西澤先生の説の意味することをもう一度考え、物流コストは企業の浮沈に直結するぐらいの覚悟で物流コストに立ち向かって頂きたいものです。

参考文献

西澤　脩「物流は第三の利潤源　物流倒産説から物流利潤説へ」『流通設計21』２００５年５月号。

サンスターにおける物流コスト管理

物流コストデータベースによる詳細なデータ分析を武器に改善を推進

◇物流コスト管理の経緯と概要

サンスターは、オーラルケアからスキンケア、食品飲料等の消費財事業、シーリング材や接着剤、モーターサイクル用部品等の生産財事業を行う、1932年創業の企業です。現在はグローバル本社をスイスに置いてグローバルに事業展開を行っています。

同社は物流コスト管理の重要性に早くから着目し、先進的なコスト算定・管理に取り組んでいることから、サンスター（株）日本ブロック理事（ロジスティクス担当）荒木協和氏へインタビューを実施し、物流コスト管理の実態についてお聞きしました。以下はその要点をまとめたものです。

◇データベースによる管理

サンスターでは、物流コスト管理を目的としたデータベース（図表1）を自社独自に構築し、データを蓄積しています。データベースは、届け先別と受注行単位（ＳＫＵ）別に、物流会社からフィードバックされた機能別の物流コストを取り込んで保管しています。これらのデータベースは、後述する通り、商品マスター・顧客マスターと連携され、「販売チャネル・カテゴリー・ブランド別」「生産拠点・出荷拠点、販売エリア別」「事業部・支店・顧客別」などに分類されます。これは、変動や異常値を発見する改革資料となると同時に、関係部署への報告資料として使われます。

システム上では上述の通り販売チャネル別等でドリルダウンできるようになっており、詳細なデータ分析を実施しています（図表2）。物流コストの算定は手作業で行っている企業が多い中、同社では2003年と比較的早い時点でシステム化に着手しています。システム化することで、物流コストの変動要因を細かく分析できるほか、直近で生じたコスト変動を把握し、迅速な対応を取ることが可能です。

なお、サンスターグループとしてはグローバルに事業展開を行っていますが、海外では物流コストの扱いが様々であることからデータの管理が難しく、現時点では国内のみを管理対象としています。

図表１　物流コストデータベースの例

（単位：円）

出荷日	発倉庫ｺｰﾄﾞ	届け先	商品名	ｹｰｽ数	重量	販売金額	配送費	輸送費	保管費	荷役料	物流費計	物流費率
2021/04/27	102	(株)○✖商事	893ﾂﾌAAA@@@	5	81.5	25,000	207	272	225	100	804	3.2%
2021/04/27	102	(株)○✖商事	064ｶﾞBBB･･･	5	42.5	39,600	207	142	225	100	674	1.7%
2021/04/27	102	(株)○✖商事	821ｶﾞCCC----	3	25.5	23,760	124	85	135	60	404	1.7%
2021/04/27	102	(株)○✖商事	498ｶﾞDDD>>	60	420	167,040	2,488	1,400	2,700	1200	7,788	4.7%
2021/04/27	102	(株)○✖商事	619ｶﾞEEE*****	30	210	83,520	1,244	700	1,350	600	3,894	4.7%
⋮	⋮	⋮	⋮	⋮	⋮	⋮	⋮	⋮	⋮	⋮	⋮	⋮
2021/04/27	102	(株)○✖商事	821GUXXXX@@@	4	13.2	33,000	166	44	180	80	470	1.4%
2021/04/27	102	(株)○✖商事	142ｵ-YYY･･	10	30.8	52,200	415	103	450	200	1,167	2.2%
2021/04/27	102	(株)○✖商事	715ｵ-ZZZ----	10	30.8	52,200	415	103	450	200	1,167	2.2%
2021/04/27	102	(株)○✖商事	768DOAAA>>	7	58.8	36,288	290	196	315	140	941	2.6%
		(株)○✖商事	合計	1,085	8,809	5,263,498	45,000	29,363	48,825	21,700	144,888	2.8%
		△物産(株)	合計	283	2,542	2,074,444	33,427	8,472	12,735	5,660	60,294	2.9%

図表２　物流コスト管理の例

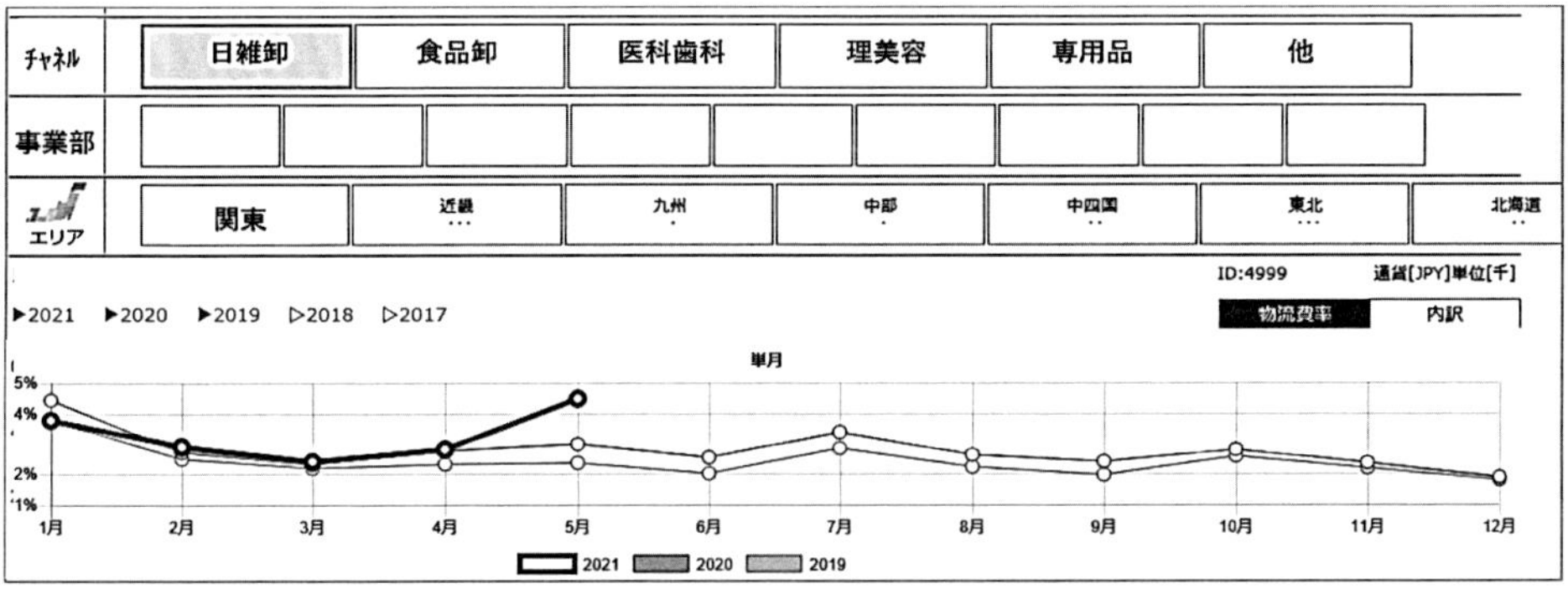

販売チャネル・カテゴリー・ブランド，生産拠点・出荷拠点，販売エリア，事業部・支店・顧客別に物流コストを表示

	販売ﾁｬﾈﾙ	ﾌﾞﾗﾝﾄﾞ	ｶﾃｺﾞﾘｰ	ｻｲｽﾞ	販売ｴﾘｱ	発倉庫	顧客	工場
販売ﾁｬﾈﾙ								
ﾌﾞﾗﾝﾄﾞ								
ｶﾃｺﾞﾘｰ								
ｻｲｽﾞ								
販売ｴﾘｱ								
発倉庫								
顧客								
工場								

◇データの自動取得

サンスターでは倉庫の運営、顧客輸送といった物流実務は、専門の物流事業者にアウトソーシングしています。そのため、同社の物流コストとしては、委託先に対する支払コストが計上されることになります。

物流コストの集計を月単位などで行う企業が多いのですが、同社では直近の物流コストの状況を確認できるよう、ほぼリアルタイムでデータが集まる仕組みを作っています。具体的には、委託先物流事業者へ出荷指示を出すと、自動でコストデータが入力される仕組みとなっています。

例えば輸送の委託契約は、基本的にケース数（または容積換算重量）に応じた個建て契約となっています。そのため、出荷指示によって出荷数量と輸送方面のデータが決まれば、運賃テーブルから自動的に運賃が算定できます。このデータが自動でシステムに入力されるといった仕組みとなっているのです。

運賃だけでなく、ピッキング等の庫内作業費についても、基本的に「1ケース○円」といった個建て方式の契約であることから、同じく自動計算によって基本的なデータを取得できるように工夫されています。

ただ、すべてのデータが自動で入力できるわけではありません。輸送先によっては貸切輸送となる場合があり、貸切運賃は繁忙期等で異なるため個別に算定されます。また、高速料金、附帯作業料金などが別建てで発生することもあります。その場合には費用が発生した時点で手入力することになります。この入力には多少手間がかかります。

◇他部署との連携に必要な詳細なデータ

物流コストの実績データは月次で営業担当に説明しており、コスト増大等の問題は営業担当と一緒に解決しています。

ただ、営業担当とひとことで言っても、実際には「商品カテゴリー、ブランドごとの担当者」「卸店ごと、販売店ごとの担当者」「エリアごとの担当者（主に支店長）」という3つの切り口でそれぞれ担当者が異なります。データの説明は各担当に対し毎月、実施しますが、その意味合いは若干異なってきます。カテゴリー別の責任者はマーケティング担当ということになりますので、その見ている数字は、販売店（お店）への販売額（実販）です。一方、卸店ごとの責任者は、当該卸店への販売額（供給額）を見ています。従ってSCMの担当者は、色々な切り口から物流の状況を示せるようにしなければなりません。

データベースでは様々なデータを確認できますが、営業担当が関心を持つのは、対売上高物流コスト比率です。営業担当の評価を決める「貢献利益」は、物流コストによって左右されるからです。一方で物流側から見ると、対売上比率は、商品の販売単価の変化によって変わりますし、販売先の移り変わりによっても変化します。物流コストの担当としては、「何をどこに運んだか」といった詳細なデータを把握しておき、対売上比率の変動要因をきちんと説明できなくてはなりません。

例を挙げると、近年、小売業の専用センターを卸店が運営するケースが少なくありません。この場合、商流としては同じように見えますが、従来の卸店への一括での納品と個別の専用センターとの納品とでは、ロットサイズなど物流条件は異なります。このような変化を正確に分析するためには、詳細なデータ分析が欠かせません。

なお、このような詳細なデータは営業担当に改善を促すうえで必要な情報であると同時に、物流部門の説明範囲を明確化する上でも重要でしょう。

◇物流の適正化に向けた卸店との連携

物流の適正化はメーカー（発荷主）単独では実現できません。最も有効なのが卸店（着荷主）との連携です。例えば、発注をまとめて配送頻度を減らす。発注曜日を調整して出荷の波動を緩和する。という取り組みを行うとすると、卸店の物流部門ではなく仕入れ部門と話をする必要が出てきます。以前は、メーカーの営業担当者を介してでないと卸店の仕入れ部門にコンタクトできないというように、連携が難しい時代もありましたが、現在はスムーズに連携が取れるようになっており、企業の枠を超えた効率化の取り組みも進んでいます。

◇「まとめ納品」による共同化への取り組み

このように、サンスターでは様々なテーマで物流改善に取り組んでいますが、その1つが、卸店への納品を複数社で共同化する「まとめ納品」の推進です。

現在、メーカーから卸店への納品は、基本的に各メーカーがそれぞれ手配しています。ただ、個々のメーカーでは貨物量が少なく、積載効率を高めるのは容易ではありません。そこで有効なのが共同拠点による物流です。数社のメーカーが共同で拠点を持ち、一緒に配送することで積載効率を向上させ波動を減少させる方法です。しかし共同拠点には立地や規模など各社ごとに複雑な課題があり、実現できる地域が限られていました。そこでこれを効率化するため、複数のメーカーが卸店側手配の引取車両に積み合わせするという、ミルクラン（巡回集荷）とクロスドックを併用した取り組みを一部で導入しているのです。これによってフレキシブルな参加で大幅な積載率の向上が実現できています。

　これからドライバーの労働環境改善が課題となる中で、このような改善をさらに続けていくことが必要だと考えています。

図表３　卸によるメーカーまとめ発注と共同クロスドック納品

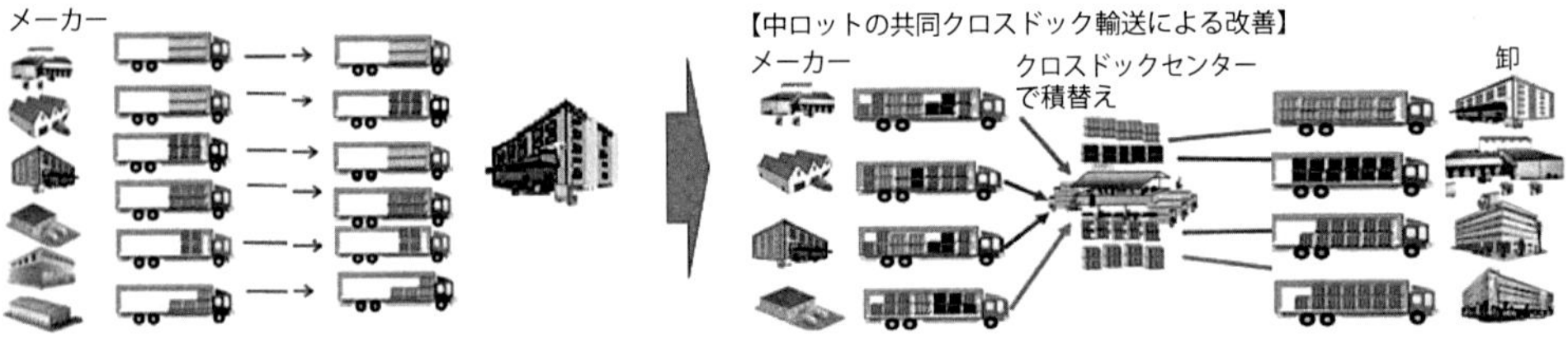

2019年12月度

	届け先	回数	S社重量kg	積載率	配送費円
1日	届け先B社	1	12	路線	1.900
2日	届け先B社	1	1,039	路線	17.400
4日	届け先B社	1	7,006	70%	65.000
10日	届け先B社	1	5,957	60%	65.000
11日	届け先B社	1	8,978	90%	65.000
14日	届け先B社	1	714	路線	12.060
15日	届け先B社	1	1,019	路線	17.400
16日	届け先B社	1	305	路線	5.830
17日	届け先B社	1	972	路線	15.950
18日	届け先B社	1	5,839	58%	65.000
21日	届け先B社	1	468	路線	8.170
22日	届け先B社	1	536	路線	8.950
23日	届け先B社	1	1,587	路線	24.650
24日	届け先B社	1	7	路線	600
25日	届け先B社	1	5,542	55%	65.000
19年12月集計		15	39,979	67%	437.910

2020年12月度

	届け先	回数	S社重量kg	積載効率	D社重量kg	重量計kg	積載効率	配送費円
6日	届け先B社	1	15,772	79%	3.174	18,947	95%	120.000
11日	届け先B社	1	5,011	50%	2.855	7,866	79%	17.400
13日	届け先B社	1	7,900	79%	1.663	9,564	96%	60.000
18日	届け先B社	1	5,834	58%	2.136	7,970	80%	45.000
20日	届け先B社	1	5,839	58%	2.324	8,164	82%	109.250
26日	届け先B社	1	8,104	81%	1.937	10,042	100%	45.000
20年12月集計		6	48,461	68%	14.088	62,553	88%	396.650

<kg単位の配送運賃>

1kg配送	2019年12月	11.0円
	2020年12月	8.2円

共同クロスドック効果	旧配送	新配送	効果
積載効率	68%	88%	129%
納品回数	15	6	40%
1kg運賃（円）	11.0	8.2	75%

この章のまとめ

1 近年、物流コスト管理が重要な経営課題として注目されています。その背景には、物流コストの増大を生じさせる経済環境の変化があります。

2 業界の成功企業を見ると、経営戦略として物流コストを重視しているケースが見られます。

3 物流はその特性上、「可視化」が重要なポイントとなりますので、ＫＰＩ管理が重要です。そして物流コストは、数多あるＫＰＩの中でも、特に重視されています。

4 「物流は第三の利潤源」「物流氷山説」といったキーワードは、物流コスト管理が注目されるようになった経緯を理解するうえで重要です。

第2章

物流担当者が知っておくべき「物流コスト」の知識

【この章のねらい】

第１章では，ビジネスパーソンの方に求められる全般的な知識を取り上げましたが，第２章では，物流部門で実際にコスト管理に関わる方を想定し，実務的観点で必要な知識，情報をご紹介します。

第１節では，物流コストを物流部門の立場から見た場合に，どのような課題や意義があるのか，という点について説明します。

第２節では，物流コストの各種分類法について説明します。

第３節では，物流コストに関する重要な指標である「売上高物流コスト比率」について説明します。

第４節では，物流コストを他社等と比較し，改善に結びつけるための「ベンチマーキング」について説明します。

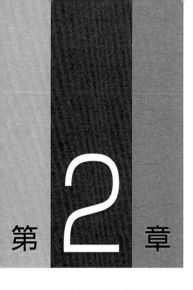

第1節
物流部門にエールを送る

1 それは物流部の責任ですか？

物流コストに関する誤解を解くには

物流コストが上昇すると、社内から真っ先に批判を浴びるのは物流部門ではないでしょうか。社長など経営層から問い詰められると反論するのは簡単ではありませんが、世の中の物流に携わる人の立場と名誉を守るためにも、まずは物流コストに関する誤解を解いておきましょう。本節は、筆者も在籍していたこともある物流部門に送るエールの想いを込めて書いています。

前にも説明した通り、物流コストは物流部門のコストではありません。また、物流コストは「単価×数量」に分解できますが、数量については物流部門ではコントロールできない場合も多いのです。例えば、販売が計画よりも落ち込んだことにより倉庫の製品保管数量が増加し、結果として保管コストが上昇したとしましょう。物流部門として可能なのは、なるべく単価の安い倉庫に保管するぐらいしかありません。この場合の物流コスト増加の主たる原因は、言うまでもなく販売部門にありますよね。まず、このような物流部門にはコントロールできない「数量」の増減に起因するコスト上昇について、物流部門に濡れ衣が着せられてしまった場合は論理的に反論したいものです。一方、販売数量や生産数量はコントロールできなくても、トラックの積載効率を上げることによる車両台数削減や、保管効率の向上による倉庫面積の削減など、物流部門の努力により「数量」を減らす努力はもちろん重要なのは言うまでもありません。

次に単価について考えてみましょう。後ほど詳しく説明しますが、物流関連のコストのうち人件費の割合がほぼ半分を占めています。また、トラック運送原価では、人件費に次いで燃料費の比率も高くなっています。労働者人口の減少に伴い、最低賃金の上昇など人件費の相場は上昇していますし、燃料価格は相場により大きく変動します。これらの価格変動は物流関連の各単価に大きく影響しますが、これも物流部門にはどうにもなりません。さらに、コンペや交渉により単価を下げるなどという時代には、もはや戻ることはないでしょう。

物流コストは外部要因が大きく影響するものの、従来は社内での立場の弱さ（?）の影響もあり、正当な主張が受け入れられないケースもよくありました。ロジスティクスの重要性が認識されるようになり、さすがにこのようなことは減ってはいるものの、まだ似たような話を聞くこともあるのはとても残念なことです。物流部長をはじめ物流に携わる皆様には、是非物流コスト変動の要因について、正当に主張して頂きたいと思います。それが、物流に携わる部署のモチベーションアップとともに、縁の下の力持ち的な位置づけの物流部門の正当な評価に繋がるはずです。これらの物流部門のステータス向上が、物流効率化の実現の第一歩（に不可欠?）であると筆者は信じています。

図表　物流部あるある……

物流コストがこんなに
上昇するとは何事だ！
社長
A部門長
数量の増減に起因する
物流コスト上昇は，物流部の
責任ではありませんよ
B部門長
物流部門長

2 売上高物流コスト比率で社長に叱られないために

売上高物流コスト比率の構造を正しく理解する

「なぜ当社の売上高物流コスト比率は、ライバルのX社よりも5%も高いのかね！」経営陣から追及されて困ったことのある人は多いのではないでしょうか。「すみません、何とかします⁉」などと返答したものの、何をすればいいのかわからないまま、その場をやり過ごした人もいることでしょう。そもそも、「売上高物流コスト比率」とは何なのか、有価証券報告書から得た物流コスト情報はどのように活用したらよいのかなどについて考えてみましょう。

三菱食品3・17%、伊藤忠食品1・74%。2020年3月期の決算資料として公表されている数値より算出した「売上高物流コスト比率」です。この数字から「伊藤忠食品は三菱食品より物流コストが安い」と考えるのは乱暴すぎますよね。以前ご説明した通り、売上高物流コスト比率とは、売上高に対する物流コストの割合です。

第一の問題点は、「物流コスト」に何を用いるかです。この例では、財務諸表の販売管理費の明細から引用してきましたが、これは企業の物流コストのうちの一部に過ぎません。まず、物流氷山説で説明したところの、氷山の下、自家物流費は含まれていません。さらに、財務諸表で公表されているのは、支払物流費の全てではありません。調達に関連して発生している物流コストは、日本の商慣習では原材料費または商品仕入費に含まれていることが多く、ブラックボックスとなっています。メーカーでは工場内で発生している物流コストも、製造原価に計上されているケースがほとんどです。つまり、財務諸表で公表されている「物流費」は本来物流コストとして把握すべき費用の一部に過ぎず、企業により公表している費用の範囲が異なっているということです。この例では、三菱食品は「物流費」として集計されていますが、伊藤忠食品では「運送費・倉敷料（保管費）」となっており、おそらく前者の方が範囲が広いため、コスト比率も高くなっている可能性があります。

第二の問題点は、根本的な構造に関するものです。売上の大きさを測るモノサシに金額を用いているため、物流コストに大きな影響を与える「体積」や「重さ」は全く考慮に入っていません。例えば、価格が100万円の様々な商品を想像してみてください。同じ値段でも商品の大きさは、10tトラック1台分、ミカン箱1つ分、指輪のようなごく小さい箱に入る商品など様々です。当然のことながら、商品の大きさによって保管費用、配送費用、荷役費用も全く異なります。それなのに単純に様々な商品の売上高と物流コストを対比しているのです。つまり、扱う商品が違えば単純な比較が難しいということです。冒頭の食品卸大手2社の差異についても、温度帯やセグメント別の構成比率が異なれば、物流コスト比率に差異が出てくるのは当然のことです。

従って、この指標は社内の比較に用いる際には問題はありませんが、会社間、つまり三菱食品と伊藤忠食品のロジスティクスのどちらが優れているかを検討する際には注意が必要なことがご理解頂けたと思います。「だから、売上高物流コスト比率なんて使えない」と考えてしまうのも無理はありません。しかし、物流コスト管理のために有効な指標が他にあるでしょうか。2-3-2項で紹介するJILSの物流コスト調査は、企業全体の物流コストを対象にしているため確かに精度は高いですが、調査協力企業が200社程度のため、必ずしもすべての業種のサンプルが充分だとは限りません。一方、財務諸表の開示は上場企業や大企業の義務ですから、公開情報をベースとした売上高物流コスト比率は欲しい企業の情報が手に入りやすいという大きな利点があるのです。この情報を切り捨ててしまうのは、あまりにももったいないと思いませんか。「帯に短したすきに長し」の感はありますが、他に使えそうなものがない以上、いかに使いこなすかが物流の管理者としての腕の見せどころではないでしょうか。少なくとも、冒頭の経営陣の質問に整然と反論するための理論武装は自己防衛のために必要ですね。

（詳しくは2-4-3項を参照してください）

参考文献

三菱食品株式会社、伊藤忠食品株式会社2020年12月期決算資料。

上村　聖「「売上高物流コスト比率」の使い方」『ロジスティクスビジネス』2013年12月号。

第1節
物流部門に
エールを送る

3 物流部門が責任を持つ物流コストとは

物流部門が責任を持つべき範囲、主なコスト上昇要因の例

一方、物流部門が責任を持つべき範囲はどのように考えればよいでしょう。各社により様々に定められているのが実態ですが、メーカーであれば生産ライン終了や工場倉庫への入庫を境界として、以降の工程を物流部門の責任とする場合が多いように思われます。SCM部などに再編されている企業を除けば、一般的な物流部門では生産数量のコントロール権限は持っていませんし、特売の実施など販売については営業の領域です。従って、メーカーであればモノが生産されてからお客様に届けるまで、流通業であれば仕入れ先が指定の物流センターに納品してから顧客（小売業であれば店舗）までが物流部門の担当範囲です。改めて考えてみると、物流部門だけで進められる物流改革の範囲は狭いことがお判りいただけると思います。

本項ではこれらの物流部門の責任範囲内で発生する物流コスト変動の要因を探ってみましょう。短期的な数量の増減要因によるコスト上昇については他事業部門の責任ではありますが、中長期的な数量のトレンドに対して策を講ずる責任は物流部門にもあります。例えば、事業部門として前年割れの予算は組みにくい事情はありますが、何年も予算未達が続いている環境下で物流部門はその予算通りに毎年過剰能力を準備するのも芸がありません。自社の設備や人員を圧縮するか、他に振り向けるなどして固定費を圧縮し、必要に応じて自社でカバーできなくなった分はアウトソーシングするなどの対応を行い、物流コスト上昇を少しでも抑制したいものです。図表は、物流部門が責任を持つべきコスト上昇要因とその抑制のための視点の例です。

輸送関連のコスト上昇要因については、中長期的な数量変化や、燃料高騰などが挙げられます。その抑制のための視点としては、輸送はすべてアウトソーシングが基本との固定観念にとらわれず、自家物流の可能性を検討してみてもよいかもしれません。また、燃料をはじめとした諸費用の上昇に対しては、輸送だけにとどまらず、抜本的なネットワークの見

直しや包装形態の見直しなどまで対象を拡大するのも有効です。98ページのコラムの例では、フォワーダーに一括してアウトソーシングしていた輸出業務を自社でコントロールすることにより、コストダウンを実現しています。

保管関連のコスト上昇の要因についても、中長期的な数量変化や人件費の高騰などが真っ先に挙げられます。倉庫については、メーカーの工場隣接倉庫など自社保有と賃借のどちらが良いか悩ましいものです。例えば、過去のある時点でメリットとデメリットを整理して、保管機能を一括でアウトソーシングすることに決めたケースでも、環境変化により現時点での評価は異なっている可能性もあります。輸送だけでなく保管においても、定期的に「自社運営とアウトソーシング」の比較評価を行うことが大切です。

また、高齢化が進展している環境下では、当面人件費は上昇するものとして、作業の生産性向上のための継続的な改善活動や自動化の検討などを進める必要があるでしょう。最近では、コストよりも安定的に業務を継続する視点からも、「自社運営かアウトソーシングか」「人海戦術か自動化か」などの選択を迫られることも多くなりました。

図表　物流部が責任を持つべきコスト上昇要因とその抑制のための視点（例）

	主なコスト上昇要因	コスト上昇抑制のための視点
輸送関連	中長期的な数量変化	自家物流とアウトソーシング
	燃料高騰	ネットワークの見直し 包装・パレットロード等の見直し
	積載率の低下	帰り荷の見直し 共同化
	ドライバー不足	共同化
倉庫関連	中長期的な数量変化	自家倉庫と賃借倉庫 自社運営とアウトソーシング
	人件費上昇	庫内作業の生産性向上 自動化
	物件費上昇	スペース削減

第1節
物流部門にエールを送る

4 他部門の業務効率化に役立つ情報提供を

他部門を巻き込むためには相手の「評価基準」を意識する

物流コストが物流部門のコストでなく、物流部門単独での物流コスト改善の範囲が限定的である中で、どのように改善を進めていけばよいでしょうか。皆さんご存知の通り、他の事業部門や他社と連携して進める以外に方法はありません。特に、業務やサプライチェーンの仕組みの見直しや刷新を伴う抜本的な改革を進めるためには、関係者を巻き込むことが成功の必須条件となります。

この条件を考慮すると、物流部門のすべきことの優先順位は自ずと決まってきます。物流部門の責任範囲内の管理や業務改善は当然重要ですが、関係者を巻き込んで全体最適を実現させることにより注力すべきなのです。関係者にとって「コア」業務ではない物流について、いかに重要性や必要性を感じてもらえるか、を考えて行動に移す必要があります。

他社や他部門の関係者を動かすためのポイントは、関係者の行動がどれだけ物流を阻害しているか「数字」で示すことです。浪花節や部門間の貸し借りなども確かにビジネスでは大切で、現在でも場面によっては効果的です。しかし、改革を組織的に推進していくためには、相手の行動により物流にどのような影響があり、それが全社的にどれだけの損失となっているかを示すことが何よりも効果があります。

ビジネスの世界に限ったことではありませんが、人は相手の評価を意識して行動するものです。ビジネスの世界では、人は会社からの評価を意識するのは当然です。これは筆者が社会人駆け出しのころ上司から教えて頂いたのですが、他部門を動かすためには、相手に関わる「評価基準」を意識することが重要なのです。営業部門に協力してもらうために、前述した通り売上高や営業利益への影響を示すことが重要なのは、それらが営業部門の評価基準だからです。製造部門の評価基準が生産効率だけの企業では、サプライチェーン全体の改革のために製造部門の協力を得ることは難しいでしょう。

ある企業では、売上高が減少している環境下においても、製造部門が生産効率の低下を避けるために従来通りの大ロットで生産を続けていました。その結果、在庫が増えて保管コストが増加したため、物流部門が経営陣から怒られる事態が発生してしまいました。物流部門は製造部門に「お願い」するのですが、一向に聞いてもらえませんでした。どうしてこの企業では上手く行かなかったのでしょうか。物流部門として在庫の適正化のために、製造部門に大ロット見込生産をやめさせたいと考えるのであれば、生産部門との個別交渉ではなく、全社的な評価基準の見直しにまで踏み込んだ改革を進める覚悟が必要だったのです。

　これらのことを踏まえると、前述した顧客別、営業担当別の物流コスト実態を明らかにすることの狙いもおわかりいただけると思います。各種の条件により物流コストにどれだけ差が出ていて、それが結果として利益にどのような影響を及ぼしているか、データに語らせるのです。相手が優秀なマネージャーであれば、敢えて物流部門から説明するまでもなく、改革の必要性を理解してもらえるでしょう。トヨタ生産方式は、トヨタのホームページによると「お客様にご注文いただいたクルマを、より早くお届けするために、最も短い時間で効率的に造ることを目的とした生産管理システム」と説明されており、「徹底したムダの排除」は有名です。生産だけから見れば効率が悪いように見える多品種少量生産により「作りすぎのムダ」を排除してサプライチェーン全体の最適化が実現されています。この背後には、在庫をはじめとした生産効率以外のデータが全社で共有されていることは言うまでもありません。全体最適の実現のために、連携して物流改革に取り組むきっかけとなる情報を提供して周囲を巻き込むことこそ、物流部門に要求されているもっとも重要なことと言えるでしょう。

参考文献
トヨタ自動車株式会社ホームページ　トヨタ生産方式
https://global.toyota/jp/company/vision-and-philosophy/production-system/

図表　物流部門から他部門に提供できる情報の例

分　類	具体的な情報の例
顧客関連	顧客別出荷データ，顧客別納品情報（場所，時間等）
製品関連	製造ロット，製品サイズ・荷姿情報
コスト関連	顧客別物流コスト，製品別物流コスト

第2節
物流コストの
様々な分類表

1 物流コストの分類について

目的に応じて適切な分類で物流コストをつかもう

物流コストは、財務会計では勘定科目別に集約されていますが、企業の意思決定に役立てるための管理会計（詳しくは4－1－1項参照）として活用するためには、業種や活用目的などに応じて企業により様々な方法で集計されます。本項では管理会計としての物流コストの主な分類方法についてご紹介します。

「機能別分類」は、物流コストを物流の機能に着目して分類するものです。具体的には、輸送費、保管費、包装費、荷役費、物流管理費などに分類します。物流のＪＩＳの定義でも、複数の機能からなることが説明されていますし、企業においても機能別に組織や部署が構成されていることもあるため、非常に馴染みやすい分類方法です。輸送費は物流の機能別コストのうちで最も大きい比率を占めており、顧客への配送、社内の拠点間移動、返品等に伴い発生する費用です。保管費と荷役費の倉庫関連費用は輸送費に次ぐ比率を占め、倉庫の物件費、人件費、包装をはじめとした各種資材費等により構成されています。物流管理費には、物流を統括するスタッフ部門の費用のほかに、物流情報システム関連の費用も含まれます。

「領域別分類」は、サプライチェーンのどのプロセスで発生したかを軸に分類するものです。調達物流費は、資材や部品を購入する際に発生するトラック運賃等で、商品代金に含まれていることが多い費用です。生産物流費は、工場の生産ライン内のコンベアによる搬送や工程間の搬送などで、製造とモノの移動を分けることが難しいため、一般的には物流コストには含めずに製造部門のコストとされています。しかし、工場内倉庫の製品保管など、製造部門の工場内で発生していても、社内物流コストとして計上すべき費用もあります。社内物流費は、工場と物流センター間や、物流センターと営業所や自社店舗間の移動や保管に関わる費用のことです。販売物流費は、顧客にお届けするために掛かる費用です。近年では、顧客からの返品、リサイクルや廃棄等の費用であるリバース物流費も重要な要素となってきています。

「支払形態別分類」は、1―3―2項の物流氷山説でご説明した通り、自社内で発生した自家物流費と、外部の企業に支払った支払物流費に分ける方法です。例えば自家輸送費の算定に関して、物流部門内の集計は明快なのですが、製造業であれば生産部門や営業部門など他部門で発生している物流コストの把握が問題となってきます。前述の通り工場内の移動は製造原価に含める場合が多いですが、工場から工場管轄倉庫までの輸送費は、物流コストに含める考え方もあります。例えば、生産ライン終了（＝製品がパレタイズされた）後に発生する費用は物流コストとするなど、企業の実態に応じて物流コストの範囲を設定する必要があります。営業部門との関係で言えば、緊急配送に伴う費用についても、物流部門が手配した赤帽や宅配便は物流コストに算入しますが、営業担当者によるハンドキャリーは算入しないのは整合性に欠けるとの見方もあります。全社的な物流コストの実態を把握し、顧客別の損益を明確にするためとの観点で言えば、どこまで物流コストとして算定すべきかは決まるはずです。一方、支払輸送費は、輸送のために他社に支払っている費用のため、会計情報システムから集計することが可能です。

「変固別分類」は、第4章2節で後述する物流管理手法の1つである変動予算を導入する際に必要な分類方法です。変動物流費は、物量の増減等により変化する費用であり、人件費で言えば休日出勤費用や残業代などの費用です。車両費の運行3費とも呼ばれる燃料・油脂費、修繕関連費、タイヤ・チューブ費も変動物流費です。固定物流費は、物量に関係なく一定額が発生する費用で、人件費の固定給や車両や物流センター関連の税金などが該当します。

以上の様に、物流コストの分類のための切り口は多数存在するので、目的に応じて使い分けることが重要です。

図表　物流コストの分類法

財務会計	物流コスト管理			
形態別	機能別	領域別	支払形態別	変・固別 (変動費 固定費別)
● 売上原価 ● 販売費 ● 一般管理費 ● 営業外費用 ● 特別損失等	● 輸送費 ● 保管費 ● 包装費 ● 荷役費 ● 物流管理費	● 調達物流費 ● 社内物流費 ● 販売物流費 ● リバース物流費	● 自家物流費 （自社内で発生したもの） ● 支払物流費 （外部の事業者に支払ったもの）	● 変動物流費 （物量の増減，稼働率の変化により金額が変わるもの） ● 固定物流費 （稼働ゼロでも一定額が発生するもの）

出所：旧通産省「物流コスト算定活用マニュアル」を元に加筆修正。

2 機能別物流コスト分類No1の輸送費

輸送費を支払形態別、変固別に分類してみる

本項では、機能別分類の輸送費を対象として、支払形態別分類など他の分類と組み合わせることにより、詳細に分類してみたいと思います。輸送費は物流コストの機能別分類では最も大きい比率を占めており、顧客への配送、社内の拠点間移動、返品等に伴い発生するコストです。まず、このコストが自社内で発生したか、外部の企業に支払ったかによって、自家輸送費と支払輸送費に分類します。次に、それらのコストの発生対象が人かモノかにより、人件費と車両費等の物件費に分類します。さらに、その費用が物量に関係なく固定的に発生するか、物量に比例して発生するかにより、固定費と比例費に分類します。今回は、図表の通り、自家輸送費を変動人件費、変動車両費、固定輸送費に分類する例をご説明します。

変動人件費は固定給を除いた人件費や手当のことで、ドライバーだけでなく助手や整備員まで含まれることに注意しましょう。変動車両費は、前に述べた運行3費が中心です。固定輸送費はドライバー等の固定給に加え、税金、福利厚生費ほか諸費用が含まれます。

自家輸送費の算定に関して、人件費については、前項で触れたように明確に人単位で他部門と業務が分かれていれば問題ないのですが、複数部門の業務を担当する人の人件費については按分する必要があります。例えば、製造ラインを担当しながら空き時間に輸送も担当する場合などには、担当者の作業別の工数（作業時間）を調査して部門間で協議して決定しなければなりません。また、営業部門での配送が常態化しているような業種では、人件費だけでなく車両費についても、営業車両の一部を物流費に参入する必要があります。ただし、精緻に分類しようとすると営業担当者の業務分析が必要になってきますから、必要に応じて手間と効果を見極めながら対応すべきです。一方、自家配送を物流専業者にアウトソーシングすることを検討する場合などには、自家輸送費の実態を精緻に把握しておく必要があります。

支払輸送費は、輸送のために他社に支払っている費用ですから、一見簡単に集計できると考えがちです。しかし、物流コストの算定に際しては、支払運賃だけではなく、運賃値引、着払運賃やセンターフィーなどの輸送費相当分は全て含める必要があることに注意が必要です。センターフィーについては、輸送費とセンター運営費用の合算で請求されることが多いため、厳密に機能別に分類するためには按分が必要となります。

このように輸送費は、かなり広範囲な費用が含まれるため、本来輸送費として管理すべき費用が漏れていることも少なくありません。図表を参考に、前項での様々な分類方法を利用して、自社の輸送費が抜け漏れなく洗い出せているかどうか、再点検して頂くことを是非お勧めします。

参考文献

通産省「物流コスト算定活用マニュアル」。

図表　輸送費の分類例

支払形態	変動・固定	内　容
自家	変動人件費	ドライバー・助手・整備員の給与・賃金・賞与（除固定給部分），走行・時間外手当，臨時雇員（アルバイト）の雑給 等
	変動車両費	燃料・油脂費，タイヤ・チューブ費，車両修理費，消耗品費 等
	固定輸送費	ドライバー・助手・整備員の給与・賃金・賞与（固定給部分），退職金引当額・福利厚生費，車庫・施設修繕費・減価償却費・諸税・保険料，施設使用料，車両施設金利，固定事務諸費
支払	支払輸送費	支払運賃，運賃値引・割戻，着払運賃，センターフィー 等

3 物流センター関連費用

保管費と包装費を支払形態別、変固別に分類してみる

本項では、機能別分類で輸送費に次ぐ比率を占める物流センター関連の費用を検討対象とします。物流センター関連の費用は、機能別分類では保管費と包装費とその他の費用により構成されています。これらの費用を前項の輸送費と同様に、自家と支払、人件費と物件費、固定費と比例費の順に分類していきます。今回は、図表の通り、保管費を変動人件費、変動荷役費、固定保管費、支払保管費に、包装費を変動人件費、変動資材費、固定包装費、支払包装費に分類する例について説明します。

まず、保管費について説明します。変動人件費は物流拠点の包装や流通加工などを除く保管に関係する人件費や手当のことで、従業員の固定給を除いた部分とパート・アルバイト等に支払う費用です。一方、物流センター長などの管理部門の人件費は物流管理費としてその他の費用に分類することも多いです。しかし、輸送機能を担っていない企業などの場合は、物流センターの管理人件費も保管人件費に含めてしまうこともあります。変動荷役費は、バッテリーや電力などフォークリフトや自動化設備等の動力に関わる費用に加え、消耗品費や修繕費等が含まれます。固定保管費は、物流拠点の主に保管に関わる従業員の固定給に加え、税金、福利厚生費ほか諸費用が含まれます。支払保管費は、物流センターの賃借費や保管料として他社に支払っている費用です。製造部門の都合により過剰に発生した在庫についての費用は製造部門の費用としている企業もありますが、管理会計上は物流費として算入すべきです。センターフィーの扱いについては、前項の輸送費同様に内容に応じた機能別の按分が必要となります。

次に、包装費について検討します。包装費は機能別分類の1つではありますが、物流センターの機能の中では、保管、ピッキング、および流通加工と比べると地味な位置づけです。物流の5機能の1つであり、輸送や荷役にとって適切な包装が重要なことは疑いの余地はありません。しかし、企業の管理会計の視点としては、わざわざ包装費を独立させる必要が

ないとの判断が多いようです。独立して管理するとすれば、図表の通り、ほぼ保管費と同様に、変動人件費、変動資材費、固定包装費、支払包装費に分類することが一般的でしょう。

なお、保管費や荷役費の算定に関しては、これらをどの程度分けて管理すべきかとの課題があります。保管費の範囲を包装費やその他費用の流通加工費等も合わせて物流センター費として全体で管理する企業も多いです。従って、分類のための分類ではなく、目的に応じて管理しやすい分類を意識して管理会計の仕組みを設計することが重要です。

最後に、その他の費用についても少しふれておきます。物流センターにとって生鮮品の小分けやカット、アパレルの値札や各種タグ付けなどの流通加工は大変重要な機能です。これらの費用は流通加工費として、必要に応じて人件費と物件費、変動費と固定費などに分類して管理します。また、情報処理費や物流管理費については、物流部門の本社管理コストとして、現場のコストとは別途集計して、管理する必要があります。

このように物流コストは多岐にわたるため、輸送費だけでなくその他の費用に対しても、図表を参考に自社の物流コストが抜け漏れなく洗い出せているかどうか、再点検してみてください。

参考文献

通産省「物流コスト算定活用マニュアル」。

図表　保管費・荷役費の分類別内容

機能	支払形態	変動・固定	内容
保管費	自家	変動人件費	物流拠点の従業員の給与・賃金・賞与（除固定給部分），臨時雇員（アルバイト）の雑給 等
		変動荷役費	燃料・油脂費，動力費，タイヤ・部品費，バッテリー費，機械修繕費，消耗品費 等
		固定保管費	物流拠点の従業員の給与・賃金・賞与（固定給部分），退職金引当額・福利厚生費，車両・施設修繕費・減価償却費・諸税・保険料，倉庫・施設リース料，施設使用料，社内金利 等
	支払	支払保管費	支払保管・荷役料 等
包装費	自家	変動人件費	包装担当従業員の給与・賃金・賞与（除固定給部分），臨時雇員（アルバイト）の雑給 等
		変動資材費	包装材料費，荷役材料費，梱包材料費，消耗品費 等
		固定包装費	包装担当従業員の給与・賃金・賞与（固定給部分），退職金引当額・福利厚生費，車両・施設修繕費・減価償却費・諸税・保険料，施設使用料，社内金利 等
	支払	支払包装費	支払委託料，支払包装料 等

第3節
売上高物流コスト比率
データから見た物流コスト

1 売上高物流コスト比率

その経営的な意味を考える

物流コストに関する指標は色々と利用されていますが、中でも「売上高物流コスト比率」が経営に直結する最上位の指標として重視されています。

近年は物流コストが増大基調であり、利幅の薄い商品では、物流コストの増大によって赤字に転じてしまう恐れがあります。そうならないためには、物流コストをきちんと管理することが必要です。

具体的には、「過去の実績数値をきちんと管理すること」「コストの変動要因を把握すること」、さらにこれらを踏まえて「予実管理を徹底すること」などが必要です。

コスト管理の各論は後の項に譲ることとして、ここでは、総論として、物流コスト管理の経営的な意味を考えてみたいと思います。

経営的視点では上述の通り、「物流コスト比率を下げること」に注目が集まりがちです。しかしながら、物流コストの「あるべき姿」は企業によって異なり、目指す方向は1つではありません。

物流コストはひとことで言えば物流サービスを生み出すためのコストです。従って、物流サービスへの視点を抜きにして、物流コストを語ることはできません。この点を示したのが図表です。物流コスト比率は「物流サービス」を加味することで、「物流サービスが売上高を生む要素」と、「コストが物流サービスを生む要素」に分解することができます。

この点を考慮すると、物流コストの戦略的方向性を次のように類型化することができます。

1つ目は、物流サービスによる高付加価値化や差別化を狙う方向性です。例えば生協の個人宅配は、自社配送によって消費者の手元に届けるという物流サービスが、大きな差別化要因となっています。このように高度な、あるいは差別化された物流サービスは、企業の戦略的優位性に繋がります。

このような戦略を採用する場合は、サービスの独自性を確保するため自社独自で物流を構築し、差別化要因である物流のノウハウも自社で囲い込むのが基本となるでしょう。

２つ目は、これとは逆に、とにかくローコストを目指す方向性です。この場合に重要なポイントは、ローコストを徹底するには、物流サービスの簡素化が必要だということです。言うまでも無く、物流コストと物流サービスレベルとは比例関係にあるためです。また、物流のスケールメリットを自社の価格競争力として内在化するためには、自社管理下で物流を運営する必要があります。この代表例は、１－１－４項で述べたＩＫＥＡです。

３つ目は、これらとやや性質が異なりますが、物流をコアコンピタンスと捉えず、コストの安定化やリスク回避を重視する方向性です。物流コスト比率は様々な要因で変動します。特に物流施設を自社保有している場合には、多額の物流固定費が発生し、稼働率の変動によって物流コスト比率が変動することになります。このようなリスクを回避するためには、物流のアウトソースが選択肢になります。

現実の企業の物流戦略は、これらの組み合わせによって、より複雑なものになります。例えば、複数の事業を抱える総合電機メーカーの場合、事業部単位で方向性が異なります。

このような個々の戦略の違いを考慮せず、全社一律で物流コストの削減目標を課す、といったやり方は望ましくありません。物流コスト管理に当たってはまず、自社の戦略的位置づけをきちんと理解することが重要です。

図表　経営的視点で見た物流コストの戦略的方向性

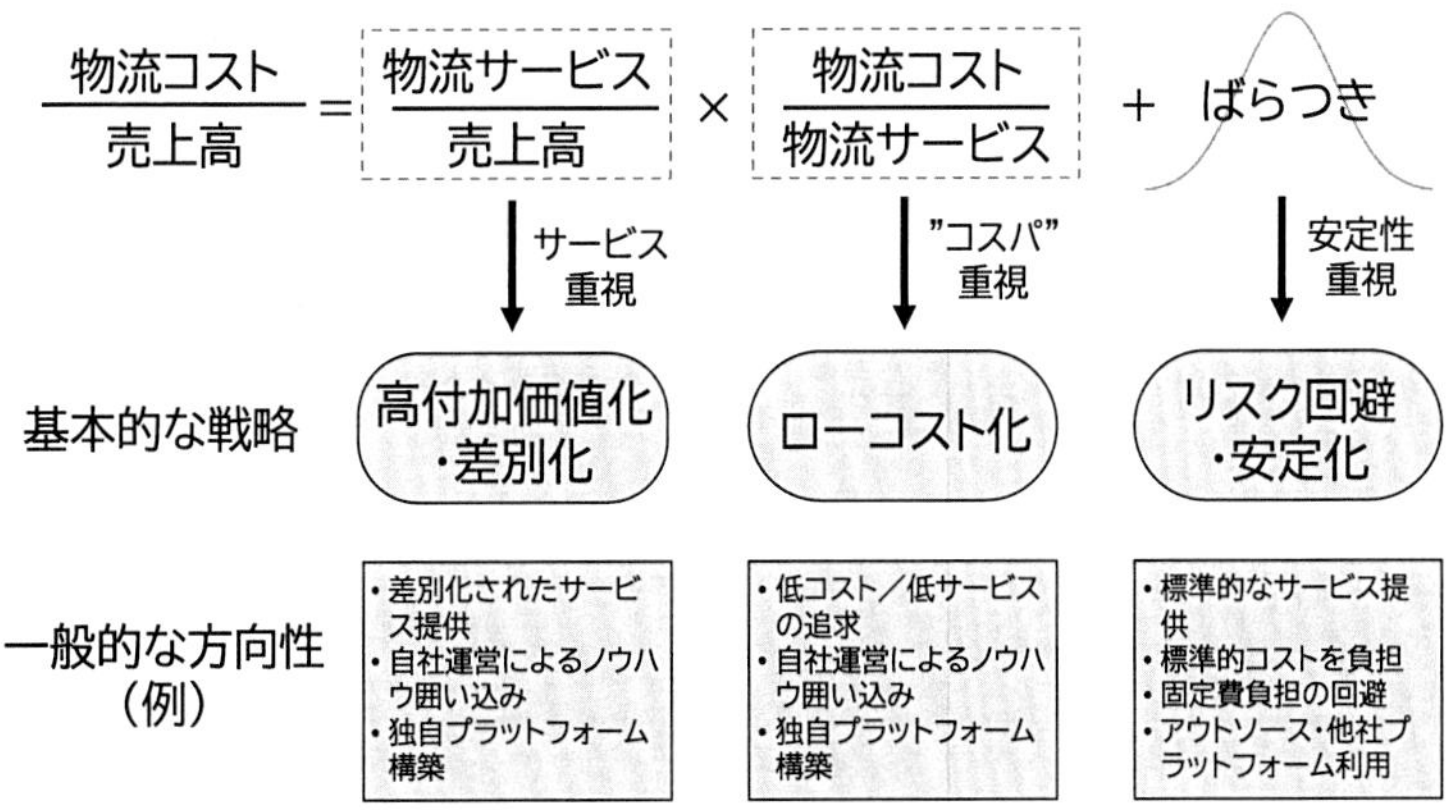

第3節
売上高物流コスト比率データから見た物流コスト

2 物流コスト比率の差異が発生する要因とは

データを比較する場合に気をつけるべきポイント

前項で見た通り、「売上高物流コスト比率」は物流管理における最重要指標です。

そこで本節では、物流コスト比率を切り口として、物流コストの全体像を確認していきます。

物流コスト比率のデータは、日本ロジスティクスシステム協会（ＪＩＬＳ）の「物流コスト調査報告書」に掲載されています（詳しくは後述します）。このデータを見ると、近年は全業種平均で５％程度となっています。これが物流管理の１つのメルクマールとなります。

同時に、業種分類別に見ていくと、コスト比率はかなり差があることがわかります（図表）。高い業種は10％前後に達する一方、低い業種では1～２％程度に留まります。

このような差異が生じる要因としては、主に以下の４点を挙げることができます。

（１）企業規模

スケールメリット（規模の経済）が働きやすいのが物流の特徴です。業種別統計だけではわかりにくいですが、過去の研究から、同業種でも大企業ほど物流コスト比率が低く、中小企業はコスト比率が高い傾向が明確に示されています。ＪＩＬＳ調査は調査の設計上、比較的大企業の回答が多い傾向があり、「平均５％」というのも基本的には大企業の平均です。地場の中小企業などでは10％を超えることもごく普通です。

（２）製品単価

５００ｍｌボトル１本の輸送に必要なコストが20円だとしましょう。ボトルの中身が、単価２、０００円の化粧品ならコスト比率は1％ですが、１００円の飲料水なら20％です。このように、製品単価（重量・容積あたり単価）の高い製品を扱う企業は物流コスト比率が低い傾向が生じます。なお、このような製品単価の違いを「物流コスト負担力」と表現します。

（3）製品自体の性質

製品自体の性質も物流コストを左右します。

例えば要冷蔵の食品は、冷蔵倉庫や冷蔵車両等を使った「コールドチェーン」と呼ばれる物流システムで運ばなければなりません。そのため当然、高コストになってしまいます。同じ飲料でも、要冷蔵が必要な乳業は、清涼飲料等よりも物流コストが段違いに高い傾向があります。

同様に、危険物、易損品、高額品、長大物なども、専用の物流システムが必要となったり、特殊な取り扱いが必要となりますので、基本的に高コストになります。

（4）物流サービスレベル

納品のリードタイム、納品単位（ロット）、納品時の附帯作業、自社配送の範囲といった各種物流サービスレベルもコスト比率を左右します。

この傾向がわかりやすいのは小売業でしょう。同じ日用品を扱う小売業でも、コンビニは多品種・小ロット・多頻度納品といった高度な物流サービスが特徴です。そのため、コンビニの物流コスト比率は、ホームセンターなど物流サービスを重視していない小売業よりも高い傾向があります。

業種比較する際には、以上の要因を踏まえてデータを確認する必要があります。

図表　業種小分類別に見た物流コスト比率

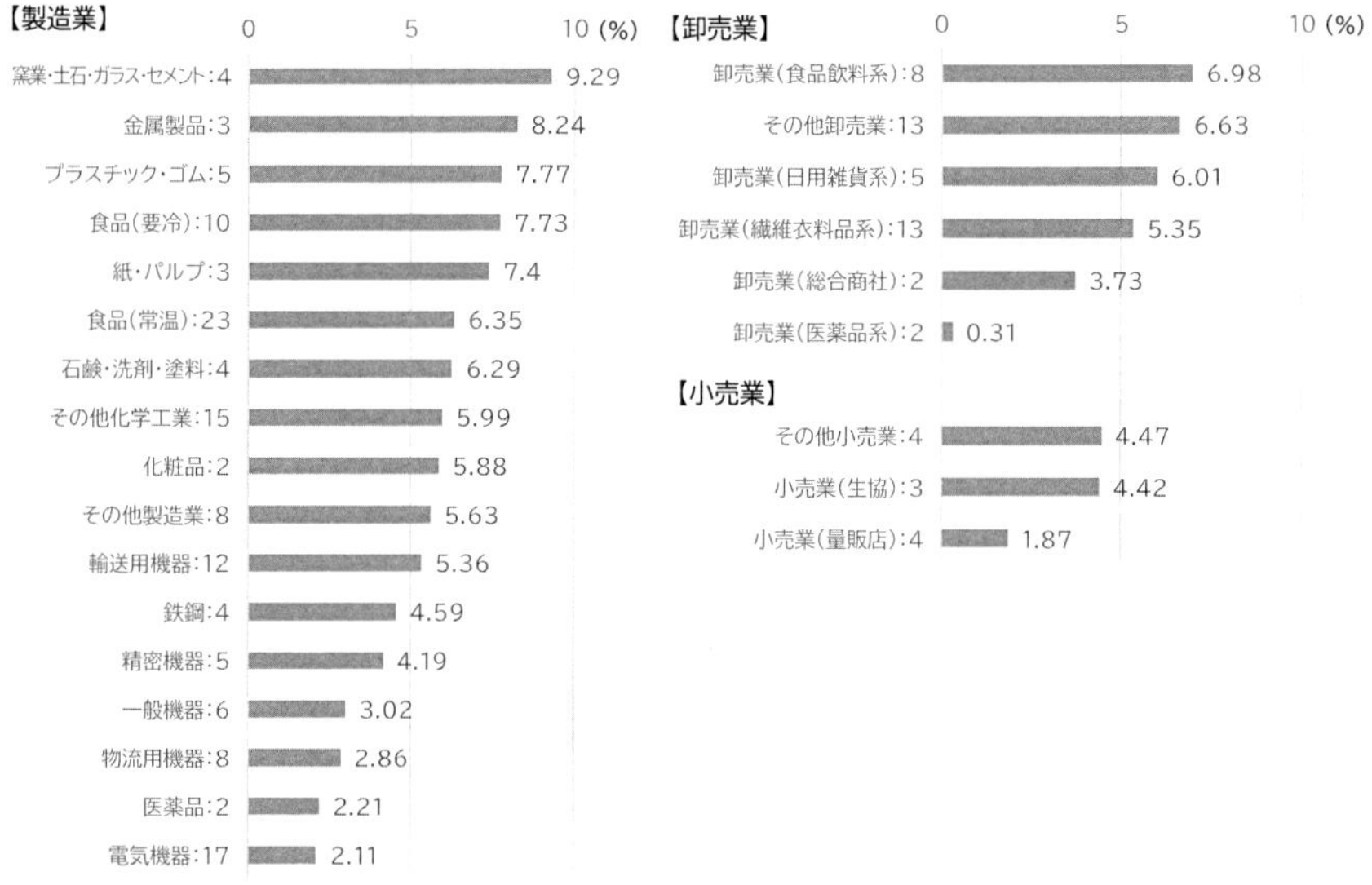

※業種名横の数字は回答サンプル数。一部業種のみ。
資料：日本ロジスティクスシステム協会「物流コスト調査報告書　2022年度版」。

第3節
売上高物流コスト比率データから見た物流コスト

3 これまでどのように推移してきたか

時系列で見る物流コスト比率の変化

1990年代中盤に7%近くあった物流コスト比率は近年、5%前後で推移しています（図表中①）。

このような下落が生じた要因としてよく指摘されるのは、「規制緩和」です。しかし、データをさらに詳細に確認していくと、やや異なる実態が見えてきます。

「企業活動基本調査」（経産省）のデータから、業種別の推移を確認してみます。企業活動基本調査で把握できるのは「荷造運搬費」のみですが、サンプル数が多いため傾向を把握するうえで有効です。

図中②で示したのは「全製造業」の売上高に占める荷造運搬費の比率です。このグラフの形状は、ＪＩＬＳデータとよく似た形状であることがわかります。

一方、図中③に示す「食料品製造業」や④の「全卸売業」の数値はこの間、ほとんど横ばいで、上で見たような下降トレンドは見られません。

このような差異を生じる要因として、前項で述べた製品単価の影響を挙げることができます。製品単価が上がればコスト比率は下がり、製品単価が下がればコスト比率は上がる、という影響です。

1990年代中盤以降の日本経済は、「失われた30年」とも言われるように長期低迷が続き、デフレ化が進んだことは周知の通りです。

デフレ化による製品単価の下落は、当然のことながら、物流コスト比率の上昇要因となります。このため、食料品や、卸売業（図中④）など特にデフレが進展した業種では、物流コストの下落が進まなかった訳です。

では逆に、「全製造業」のコストが下がっているのはどう考えれば良いでしょうか。この点を説明するうえでポイントとなるのが、「海外移転」と「資源高」です。

1990年代中盤に生じた円高により、付加価値の低い業種を中心に、生産拠点の海外移転が進みました。結果、国内に残った生産拠点の高付加価値化が進みました。言うまでもなく、これはコスト比率を引き下げる要因となりました。

資源高の影響も重要です。1990年代以降、主に新興国の成長によって、石油・金属等の資源価格が劇的に上昇しました。これも、物流コストを押し下げる要因となりました。資源価格の影響は産業界全体に及びますが、原材料価格の影響を直接的に受ける石油産業などを見るとその影響がはっきりと見てとれます（図中⑤）。

ここではこれ以上この問題に立ち入りませんが、重要なポイントは、物流コスト比率が下落した産業は、（要因はそれぞれ異なりますが）製品単価の影響を受けたものがほとんどであるということです。逆に言えば、「製品単価の変動」という、物流にとっての外部要因を除くと、物流コストの変動は意外に小さかったのではないか、ということです。

1990年代以降、規制緩和等で運賃・料金は確かに下落しましたが、実は同じ時期に、「積載率」「ロット」といった輸送効率を表す指標は逆に悪化しています。これまでは資源高、規制緩和といった外部要因によって（ある意味で何もしなくても）コスト比率が下がるということがあったのかもしれませんが、今後は、実態面で物流の効率化を進めない限り、コスト比率が漸増することが避けられないと言えるのではないでしょうか。

図表　物流コスト比率等の推移

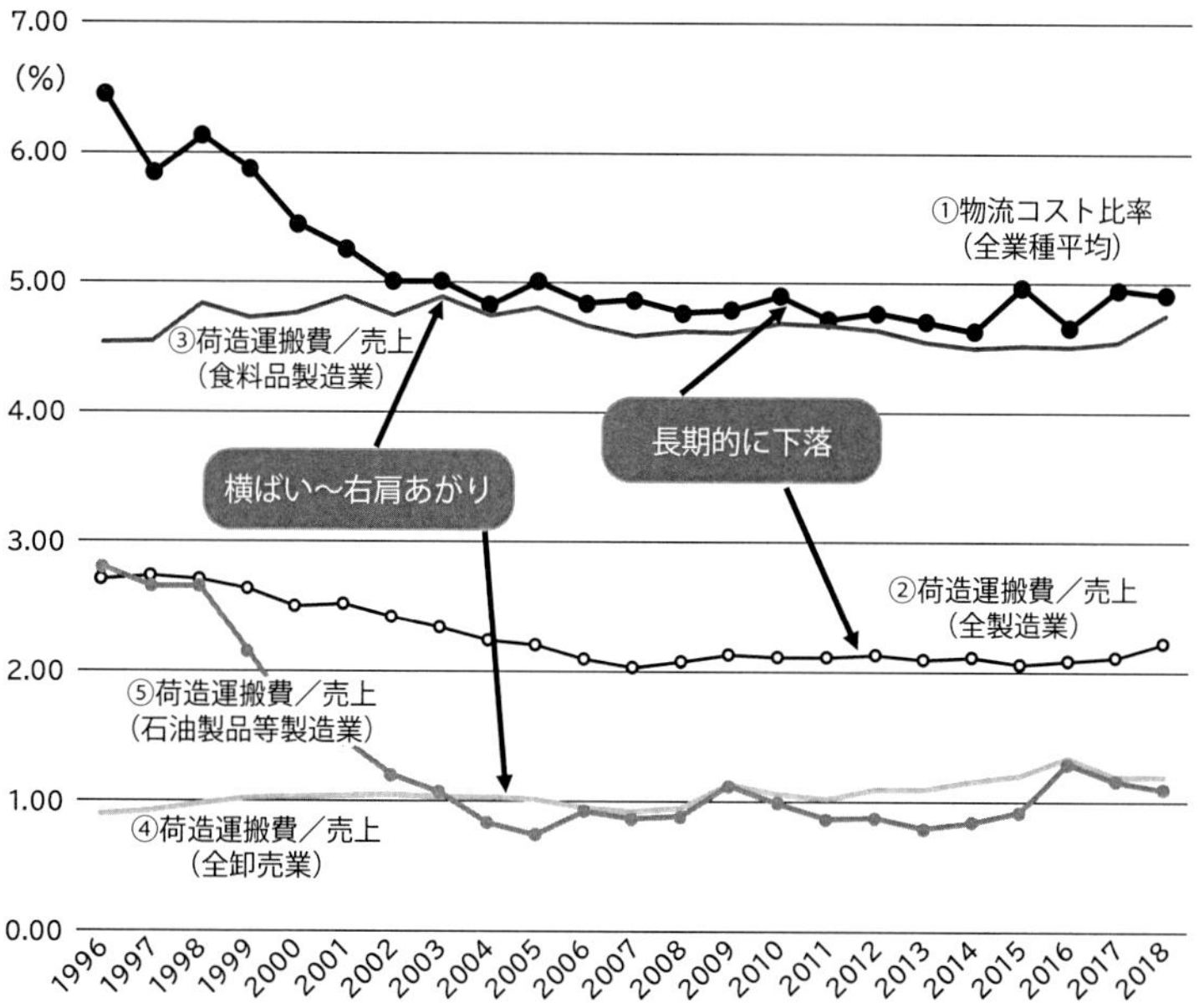

資料：日本ロジスティクスシステム協会「物流コスト調査報告書（概要版）」
経産省「企業活動基本調査」

第3節 売上高物流コスト比率データから見た物流コスト

4 物流コストの各種統計（1）

物流コストのデータソースと、その調べ方

物流コストについて学んでいくと、同業の物流コストがどうなっているかなど、データを確認したくなるものです。

そこでこの項では、物流コストの主要なデータソースと、調べ方について紹介します。

（1）JILS「物流コスト調査」

物流コストについて調べるとき、物流業界人がまず最初に参照するのが、日本ロジスティクスシステム協会（JILS）が公表する「物流コスト調査」のデータです。

この調査で公表されているデータは、物流コストを包括的かつ継続的に調査した、ほぼ唯一のデータです。調査結果のうち、概要版はJILSのホームページから入手できます。さらに詳細なデータは有償の報告書として販売されています。

さて、JILS以外の物流コスト関連のデータは、「物流コストの範囲が包括的でない」といった制約があります。とはいえ、制約条件を考慮すれば利用できますので、主要なものを紹介しておきます。

（2）荷造運搬費などのデータ

物流コストは、輸送、保管、包装など幅広い項目に分かれますが、この一部のみを集計したデータがいろいろと公表されています。

うち代表的なものは、経産省が公表する「企業活動基本調査」です。これは、財務諸表上、販売管理費の内数として計上される「荷造運搬費」のデータを集計したものです。

国が調査した結果ですので、信頼できるデータですし、継続性は高いと言えます。また、サンプルが3万社程度に上り、カバレッジが高いことも特徴です。サンプル数が多いことから、特に、物流コストが上昇しているか、といった時系列の比較には有用なデータです。一方、荷造運搬費以外のコスト（例えば保管コスト）は未計上であるため、物流コストとし

ては過小推計となってしまうという問題があります。
なお、データは経産省のホームページからすべてダウンロードすることができます。

（3）有報等に基づくデータ

上場企業は有価証券報告書等を開示するため、これをもとに物流コスト関連の費用を集計することが可能です。なお、知りたい企業が1、2社であれば、読者自身で有報等をダウンロードして調べることも可能ですが、会社数が多いと手間です。そこで、有報等の関連データをまとめた資料が、複数の出版社から公表されています。

この代表的なものは、「月刊ロジスティクス・ビジネス（ロジビズ）」（ライノス・パブリケーションズ発行）のデータです。同誌では毎年、上場企業の物流コスト関連データを集計し、雑誌の特集記事として公表しています。

また、運輸業界紙である輸送経済新聞も、同じく上場企業の物流コストデータをまとめた資料「物流のすべて　各年版」（輸送経済新聞社発行）を刊行しています。

これらは会社ごとにデータが整理されていますので、自社のライバルなど、特定企業のデータを把握するには便利です。一方、会計ルール上、勘定科目名や定義は一定ではありませんので、コストの範囲が各社バラバラなことはデメリットと言えるでしょう。

なお、入手したい会社が非上場会社の場合は、帝国データバンク（ＴＤＢ）などで財務諸表データを入手して見ることをおすすめします。ＴＤＢの企業財務データベースは、独自の基準で科目集約して整理されており、「荷造運送費」などの科目で物流コストを把握できるようになっています（ただし、科目未掲載の企業あり）。

（4）業界別データ

業界団体が会員企業だけで物流コストのデータを集計しているケースもあります。ほとんどの場合外部に開示されていませんので、筆者も把握しきれていないものの、化学業界、アパレル業界、食品卸業界などで調査が実施された事例があります。自社が所属している業界団体でそのようなデータがないかどうか、確認して見る価値はあるのではないでしょうか。なお余談ですが、業界団体が運賃等の水準比較を行うこと等は、独禁法上問題とされる可能性が高いので、同業他社から情報を集める際には、その点に留意が必要です。

第3節 売上高物流コスト比率データから見た物流コスト

5 物流コストの各種統計（2）

運賃等のデータソースと、その調べ方

物流コストの推移を詳細に確認するために、物流コストの構成要素となる運賃等のデータについて調べるケースも多いでしょう。そこでここでは、運賃等の主要なデータについて紹介したいと思います。

（1）サービス価格統計

「運賃相場が上がっているか、下がっているかを確認したい」——そのような場面は意外と多いのではないでしょうか。この目的に合致するデータが、日銀の「企業向けサービス価格指数」です。

この統計は物価統計の一環で実施されているのですが、物価は国民経済計算（ＧＤＰ統計）を左右する重要なデータですので、公的統計の中でも特に信頼性が高い部類だと言えます。ただし、データはＪＩＬＳの物流コスト調査のような実数ではなく、基準年を１００とした指数で表示されますので、用途は時系列比較に限定されます。トラック輸送のほか、倉庫、海運等についても調査されています。

公的統計ですので、データはすべて日銀のホームページから入手できます。

（2）運賃・倉庫料金等（実数、指数）

荷主の実務上、コスト削減の目標を設定する場合などで、運賃等の相場情報が必要となるケースも多いでしょう。

一方、運賃の実数のデータはあまり多くありません。運賃等の基準を示すことは、独禁法に抵触する可能性が高いため、業界団体等では手が付けられないという事情がその背景にあります。

その中でも、比較的利用されているのは、前項でも紹介した「月刊ロジビズ」が公表している運賃データです。

例えば、「東京～大阪間（10トン車）」といった主要ルート等別に運賃の実額が掲載されていますので、荷主の物流担当者には興味深いデータと言えるでしょう。

実数のデータに限定せず、「指数」も含めて考えると、これ以外にも入手可能なものがあります。

運賃指数のデータの筆頭は、日通総合研究所の「企業物流短期動向調査」です。この調査では、トラック等の貨物輸送量や、運賃、倉庫料金等の指数が四半期ごとに調査されています。一般的に、民間ベースのアンケート調査はデータの質の確保が難しいのですが、この調査は歴史が古く、かつ回答数が８００~1,０００程度と多いこともあって、信頼性の高いデータだと思います。ホームページから入手できるのは概要版のみですが、定期的に確認しておきたいところです。

ところで、運賃の変動はまずスポット市場に現れ、その後から固定契約の運賃に波及する傾向があります。そのため、直近の運賃動向を知るうえでは、スポット取引が多い「求荷求車ネットワーク」における運賃動向がポイントとなります。

公的な求荷求車ネットワークの代表格である「ＷｅｂＫＩＴ」では、成約運賃指数のデータが月次で公表されています（全日本トラック協会と日本貨物運送協同組合連合会による）。こちらもホームページで入手できます。

図表　物流コストに関連する主要なデータソース

名称	発行元・出版元等	主なコンテンツ	データソース
物流コスト調査	日本ロジスティクスシステム協会	対売上高物流コスト比率	概要版はウェブサイト，詳細版は有償
企業活動基本調査	経済産業省	対売上高荷造運搬費比率	ウェブサイト
日本の物流費	ライノス・パブリケーションズ（月刊ロジビズ）	有価証券報告書等にて開示される物流コスト関連費用	雑誌特集記事として掲載，CD-ROM 等を有償販売
物流のすべて	輸送経済新聞社	同上	有償販売
企業向けサービス価格指数	日本銀行	トラック（積合せ，貸切等），倉庫等のサービス価格指数	ウェブサイト
トラック実勢運賃調査	ライノス・パブリケーションズ（月刊ロジビズ）	業種，主要エリアにおけるトラックの実勢運賃	雑誌特集記事として掲載，CD-ROM 等を有償販売
企業物流短期動向調査	日通総合研究所	物流量，トラック，鉄道，倉庫等の運賃・料金，物流コスト割合（いずれも指数）	概要版のみウェブサイト掲載
WebKIT 成約運賃指数	全日本トラック協会，日本貨物運送協同組合連合会	求貨求車ネットワーク「WebKIT」における成約運賃指数，成約件数等	ウェブサイト

注記：記載はすべて 2020 年時点の状況に基づく。

第4節
物流コストで確認する自社の立ち位置

1 ベンチマーキングの意義

ベンチマーキングは〈業界平均との比較〉ではない

ベンチマークとは、もともとは「水準点」を意味する測量用語です。経営学では、これを敷衍して、自社の立ち位置を振り返る客観指標の意で使っています。これに「-ing」を付けた「ベンチマーキング」は、「水準点＝客観指標を経営に活かす活動」といった意味になります。

ここでは物流コストを活用するうえで避けて通れない、「ベンチマーキング」の概念についてご紹介していきたいと思います。

「当社の物流コストは高いのか低いのか――」。

物流コスト管理を進めるにつれて、こういった疑問が湧いてくるのではないでしょうか。

しかしながら、ROAといった財務指標とは異なり、物流コストの標準値、基準値のようなはっきりとしたものは見当たりません（ステークホルダーに開示され、投資の判断基準となる財務指標と、内部管理向けに算定される物流コストという成り立ちの違いを踏まえれば当然ですが）。そのため、コストが妥当かどうかを判断するのは、なかなか簡単ではありません。

現実には色々と試行錯誤がなされていますが、中でも多くの会社が取り組んでいるのが、「同業他社や業界平均と比較する」「自社内の事業別・拠点別に比較する」、さらには「自社内で時系列比較する」、といった手法です。

こういった比較手法のことを、慣例的にベンチマーキングと呼ぶことがあります。平たく言えば、業界平均等との比較、といった程度の意味合いです。このような用法も間違いではありませんが、マネジメント手法としての「ベンチマーキング」の意義を伝えるには充分ではありません。この点を少し深掘りしてご説明したいと思います。

以下のようなケースを想定してみてください。

（ケース１）荷主A社が物流コストを新たに算出し、業界平均と比較して見ました。その結果、A社の物流コスト比率が業界平均よりも著しく高いことがわかりました。なおA社の販売方法や物流オペレーションは同業他社とほとんど同じです。

↓この場合、A社の物流には改善の余地があることが推定されます。オペレーション等が同じなのに、コストだけが高いためです。よってこのような場合、業界平均との比較には意味があります。

（ケース２）物流コスト管理にも長年取り組んできた、業界リーディング企業のB社が、自社の物流コスト比率を業界平均と比較しました。その結果、業界平均並みの水準でした。一方、B社のライバル企業C社の物流コスト比率は、B社よりもさらに低い数値でした。

↓このような場合、B社が業界平均だけを見ていても意味がありません。B社の比較対象として、業界平均レベルで充分だとは言えないからです。

横並び意識による単純比較であっても、それが改善の気づきに繋がる場合に限っては有効ですが（ケース１）、比較して安心してしまうだけでは意味がありません（ケース２）。マネジメント手法としてのベンチマーキングの意義は比較そのものではなく、比較を通じて改善の必要性や改善の余地を浮かび上がらせることだと言えます。

このように考えると、ベンチマーキングの最大のポイントは、「水準点」をどこに置くか、ということになります。「水準点」は、言い換えれば自社の「あるべき姿」です。よって、比較対象は「自社のライバル」や「目標とすべき企業」ということになります。さらに言えば、自社よりも優れたプロセスを有した他業種の企業も候補となり得ます。また、現代のようなグローバル化社会では、当然のことながら国外企業もターゲットになるはずです。

業界平均等との単純比較は、「はじめの一歩」としてもちろん重要ですが、そこは通過点に過ぎません。物流コストの数値を、より改善指向で経営管理に活かしていくためには、本来の意義に立ち返ってベンチマーキングに取り組むことが重要です。

参考文献

ロバート・C・キャンプ（高梨智弘訳）『ビジネス・プロセス・ベンチマーキング／ベスト・プラクティスの導入と実践』生産性出版、１９９６年。

2 ベンチマーキングの意義（2）

ベストプラクティスを活かすには

前項ではベンチマーキングのアウトラインを説明しましたが、前項で触れなかった重要なポイントがもう1つあります。これが、「ベストプラクティスの活用」です。

前項で見たように、「ベンチマーキング」とは、端的に言えば客観指標を経営に活かす活動ということですが、具体的には、「自社プロセスの計測値を、よりパフォーマンスの優れた競合他社等と比較し」、「優れた企業のベストプラクティスを適用し、実行する」というように定義されます（図表）。

前項ではこの前半部分を中心に説明したわけですが、後半の部分も重要なポイントです。

前半部分、すなわち、数値が高いか／低いかという比較自体も、改善のモチベーションを生むといった意味ではもちろん重要です。ただし、低コストを実現しているロジック、あるいは仕組みがブラックボックスのままに、単に比較を行っただけでは、手詰まりになってしまいます。このような隘路に陥り、闇雲に運賃削減を進めるしかない、というのも起きがちなパターンと言えるでしょう。

ベンチマーキングという手法の「入り口」は「比較」ですが、「出口」はベストプラクティスを学んで改善に結びつけるということです。

例を挙げます。加工食品メーカーX社は、物流のベンチマーキングの対象として、「ビール業界」を設定しています。ビール業界は、特に物流コストの側面では、優れたパフォーマンスを発揮している業界として知られています。

JILSの物流コスト調査の「業種細分類別」のデータによると、「ビール製造業」の物流コスト比率は過去数年の平均で3・5％前後です。一方、様々な加工食品を含む上位の「食品製造業（常温）」のコスト比率は6～7％前後となっています。

このように、ビール製造業の物流コスト比率は、比較的物流コスト比率が高いことで知られる食品関連業界の中では、突出して低いことが分かります。

このようなビール業界のコスト効率を支える背景要因として、生産・物流に関わる様々なベストプラクティスが知られています。

例えば、①アイテム数の少なさ（ビール業界は食品業界では突出してアイテム数が少ない）、②消費地に近接した最適地生産の仕組み、③オートメーション化、④業界横断的な物流共同化（業界内での物流共同化が他業種よりも早い時期から成立していた）、⑤標準化の進展（パレット、外装、瓶のサイズが早くから標準化されていた）などです。

実際、X社もこのようなベストプラクティスに学んで、物流改善に取り組んでいます。

単に数値比較で終わるのではなく、このようなベストプラクティスをよく研究し、自社の取り組みに反映させることで、ベンチマーキングをより効果的に活用することができます。

なお上記ではビール業界を例示しましたが、この他にも、製配販一体となったＳＣＭ（サプライチェーンマネジメント）が進んでいる自動車業界、業界内での共同化・標準化が進んでいる日用品業界や加工食品業界などからも、様々なベストプラクティスを見いだせるはずです。

物流コストのベンチマーキングを実施する場合にも、同業種等と比較するに留まらずに、自社の学ぶべき企業・業界を意識的にピックアップし、比較対象とすることで、より効果的な物流コスト管理を実現することができます。

図表　ベンチマーキングの概要

ベンチマーキングとは

①製品，サービス，プロセス，慣行を継続的に測定し，パフォーマンスの良い競合他社やその他の優良企業のパフォーマンスと比較すること。

②さらに，優良企業のベスト・プラクティスを見つけてそれを自社に適用・実行すること。

参考文献

ロバート・Ｃ・キャンプ（高梨智弘訳）『ビジネス・プロセス・ベンチマーキング／ベスト・プラクティスの導入と実践』生産性出版、１９９６年。

3 単純には比較できない物流コスト比率

他社比較は慎重に

これまで見てきたように、ベンチマーキングは、自社が同業他社やライバル企業等を比較対象とすることで、自社の立ち位置を確認し、改善のモチベーションを生み出すといった効果を生みます。

また比較に加えて優れた企業のベストプラクティスを研究し、自社の取り組みに活かすことが、ベンチマーキングのより本質的な意義であると言えます。

ただし、このような手法が成り立つ前提として、自社のコストを他社（等）ときちんと正確に比較できることが必要です。そのためには、次のようなポイントを押さえてデータを入手し・その数値を詳しく見ていく必要があります。

ポイントの1点目は、比較にどのようなデータを利用するか、です。

物流コストのデータそのものは、有価証券報告書等では開示されません（この点は、第4章1節で詳しく説明します）。例外的にグループ内の企業から直接入手するといったケースはありますが、一般的に他社の物流コストデータを入手するのは非常に困難です。

そこで現実的には、上場企業の開示データから、運賃、保管料といった「物流関連費用（注1）」を入手し、利用することになります。

2点目は、入手された物流関連費用の範囲をどのように推定するかです。

入手可能な物流関連費用は、販管費（販売費及び一般管理費）の主要科目の内訳明細として開示されているものが大半です。製造原価等と異なり（注2）、販管費における運賃、保管料といった勘定科目の設定には公的なルールはありませんので、開示される科目や、その名称は各社バラバラです。また、同じ「運送費」であっても、集計されている費用の範囲は各社の会計方針によってまちまちです。

そのため数字を額面通りに受け取ることは大変危険です。

なお、一般に開示されている以上の会計情報を入手するのは、なかなか容易ではありませんが、合法的に実施できる手法の1つは、IR（投資家向け広報）窓口から情報を入手することです。公開会社であれば、株主に対して一定の説明責任があります。一般人が無闇に問い合わせても回答を得るのは困難ですが、株主が開示資料の内容についてIR窓口に問い合わせる場合には、意味のある回答を得ることが期待できます。もちろんその前提として、社員等が当該企業の株主となっておくことが必要です。

　ポイントの3点目は、物流条件の違いです。物流コスト比率等の数字は、様々な物流条件で変動します。そのような影響を考慮しなければ正確な比較はできません。物流コスト比率の統計データに影響を与える物流条件としては、①企業規模、②製品単価（重量・容積あたりの単価）、③製品自体の性質（荷扱いの容易さ等）、④物流サービスレベル等が挙げられます（この点については1－4－2項で説明した通りです）。

　実際の企業データを解釈するうえでは、これ以外に、⑤事業ドメインの違い、⑥グローバル展開の状況も加味する必要があります。

　上場企業は近年、持株会社化が進展しており、多様な事業ドメインを持つ企業が連結対象となるケースが増えています。加工食品メーカーが飲食チェーンも経営するケースなどが代表的です。

　また、グローバル化の影響も無視できません。海外売上の比率が高い企業の場合、海外事業での物流コストを考慮しなくてはなりません。ただ、海外では物流コストを買い手（着荷主）が負担するケースも多く、物流コストがどのように計上されているか推定するのは国内以上に困難だと言わざるを得ません。

　他社の物流関連費用を利用する場合には、以上のポイントを詳細に検討したうえで、比較してみることが必要です。

　次項ではこれらのポイントを具体例をもとに検討してみたいと思います。

【注】

（1）運賃といった費用は物流コストの一部に過ぎません。本節ではこのような部分的な費用を「物流関連費用」と呼び、物流コストと区別することにします。

（2）製造原価については、旧大蔵省が作成した「原価計算基準」に製造原価要素の分類基準が示されています。残念ながら、物流に関するこのような基準はありません。

4 事例で考える企業間比較

清涼飲料セクターの企業を例に

表は、清涼飲料セクターの上場企業の物流関連費用です。各社の物流関連費用の対売上比には大きな（3倍ほどの）差があることが分かります。読者の皆さんは自身が清涼飲料メーカーの物流担当だとして、一体どの水準を比較対象とすれば良いでしょうか？

それにはまず、前項で示したチェックポイントに従って検討して頂く必要があります。なお、正確な実態は筆者にも正直なところ分かりません。以下の情報は必ずしも正確ではないことをご了承ください。

（1）物流関連費用の範囲

一般にメーカーの物流コストの半分は輸送費で、残りを保管費、荷役費等が占めます。従ってポイントの1つは輸送以外の費用の計上の有無です。表に挙げられた企業のうち、ジャパンフーズは、科目名からすると保管費が含まれていそうです。ただし、荷役費等のその他の費用はここには含まれないとすると、実際の物流コストは、数ポイント程度大きくなるはずです。

この他に費用を左右する重要な要素として、センターフィー（小売業等の物流センターを利用する際に支払う手数料。4-1-4項参照）が挙げられます。

センターフィーの会計処理方法は小売各社でまちまちです。近年は売上高と相殺処理する方式が増えていますが、費用として認識される場合、センターの通過額に対し3～7%程度の割合となり、金額的な影響は大です。

（2）製品単価～重量・容積あたりの単価

同じ清涼飲料業界でも、製品単価に差があります。

表で挙げた企業の中では、ジャパンフーズは自社ではブランドを持たず、他社の依頼を受け、相手先ブランド製品（OEM製品）を供給する業態です。飲料業界ではこれを「パッカー」と呼びます（ファブレスに対するファウンドリーに相当します）。同社は緑茶飲料の受託製造に強みを持ちますが、パッカーに委託する側の伊藤園等よりも、製品単価は低いことが推察されます（そうでなければ委託側は利益がでません）。

（3）物流サービスレベル～自販機ルート配送

物流コストはサービスレベルによって左右されますが、清涼飲料業界で特に重要なのは、高サービスの典型である自販機のルート配送のコストが含まれるかどうかです。

表中の企業のうち、ダイドーは自販機チャネルの比重が高く、国内飲料事業の約8割を占めています。自販機チャネルへの依存度はもっと低いですが、コカ・コーラ社も同様に、連結対象子会社が自販機ルート配送を手がけています。

この2社を比べると、ダイドーの4・2%という「発送配達費」の割合は低すぎるように見えます。この理由を推測すると、2点考えられます。1つは自家配送の影響です。ドライバーを直接雇用し、自家車両で配送する場合、人件費や車両費等は自家物流費となりますので、物流関連費用には計上されません（もう1点目は次で説明します）。

（4）事業ドメイン～ファブレス経営

表に挙げた企業を比較すると、伊藤園とダイドーの2社が特に物流関連費用が低いことがわかります。この両社に共通するのは、工場を持たないファブレス経営だということです。ファブレスの場合、工場から卸等への輸送はパッカーが担いますので、委託したメーカー側では物流関連費用として認識されません。よって見かけ上、費用は少なくなります。

このように、他社比較は非常に複雑です。前項で挙げたポイントを一つ一つ確認しながら、データを検証していただく必要があります。

図表　清涼飲料セクターの物流関連費用

（百万円）

	伊藤園	コカ・コーラボトラーズジャパンHLDG	ジャパンフーズ	ダイドーグループHLDG
売上高・収益	483,360	914,783	15,672	171,553
販管費	212,814	423,685	2,526	82,455
うち物流関連費用	14,651	89,460	1,054	7,208
科目名称	運送費	発送費及び手数料	運送保管料	発送配達費
対売上高比	3.0%	9.8%	6.7%	4.2%
期間	2019年5～2020年4月	2019年1～12月	2019年4～2020年3月	2018年1～2019年1月
出典	有価証券報告書（連結）	有価証券報告書（連結）	有価証券報告書（連結）	統合報告書（財務ハイライト）

HLDG はホールディングスの略。ダイドーグループは，各年1月21日が事業開始日。
出所：開示資料から筆者作成。

物流センターの現場改善による荷役費削減

（丸和運輸機関）

丸和運輸機関（埼玉・和佐見勝社長）は、１９７０年創業の東証一部上場の物流会社です。小売業の物流業務の一括受託（３ＰＬ）、ｅコマースのラストワンマイルの宅配業務などを得意とし、創業来、成長を続けています。「人の成長なくして企業の成長なし」という理念のもと、人財（人は財産）の育成に力を入れておられます。丸和ロジスティクス大学（若手、中堅、幹部候補向けの3コース）などの社内研修、ＭＱＭサークル活動（小集団現場改善活動）などを実施しています。本項では、大規模物流センターのＭＱＭサークル活動による荷役費の削減事例を紹介します。

この物流センターは、延床面積約1万坪（3階建）、主に食品を扱う３６５日24時間稼働の大規模なセンターです。センター稼働から数年経過し、安定的な運営はできていますが、人件費の上昇などから収支改善の必要性が高まってきました。当センターのＭＱＭサークルメンバーは「収支改善を目的とした作業効率５％ＵＰプロジェクト」に取り組みました。リーダーの柳沼修平さんは、丸和ロジスティクス大学で学んだ現場改善手法をメンバーとも共有し、今回の改善活動を実施し、出荷業務の効率化とコスト削減を実現しました。

当センターの出荷業務は、ケース単位で商品を出荷する「ケース部署」、商品を1個単位で出荷（バラ出荷）する「バラ部署」の2通りあります。今回の改善の対象は、「ケース部署」と「バラ部署」の双方です。改善実施にあたっては、まず、現状把握を行い、それぞれの問題点を、特性要因図などを用いて明確にしたうえで、その原因を追究し対策を行いました。

例えば、ケース部署では、①納品先店舗名（店舗看板）の記入など付帯作業が多い、②定番商品の出荷作業で「通常定番」と「先出し定番（優先して店頭に品出し）」の2種類のピッキング作業が発生する、などの問題点が明確になりました。①については、店舗看板の自動発行システムを導入しました。当センターにはベトナム人技能実習生がおり、日本語で記入するのに時間がかかっていましたが、システム導入により時間や作業負担が大幅に軽減されました。また、印字された店舗看板は見やすく、納品時にドライバーの見間違いによる誤配送が減少するなど物流品質の向上にも繋がりました。②については、納品先店舗の棚在庫とバックヤード在庫の実態調査や出荷実績データの分析を行い、荷主と協議を重ねました。「先出し定番」の廃止を決定し、ピッキング効率が高まりました。

バラ部門では、③棚への商品補充待ちが発生しピッキング作業が止まるなどの事象がありました。パート社員のリーダーも含めて現場で意見を出し合い、問題点を洗い出しました。そして、自動倉庫の補充に関するデータを再分析し、ピッキング棚の保管量を20％増やすことで、ピッキング作業の商品待ちは解消されました。

これらの改善活動の結果、作業効率は目標の5％を上回る7～10％の効率化が実現しました。物流コスト面では、当初の目標額を約30％上回る削減効果がありました（金額にして1，000万円を超える金額です）。

改善活動のスタート時、社員が現場改善活動に注力するために、社員が担当していた業務をパート社員に業務移管した結果、パート社員のリーダーが成長したというメリットも出てきました。

物流現場の改善活動には、コスト削減だけでなく、物流品質や安全性の向上、そして人財の育成といった効果もあります。皆さんの現場でも、ぜひ、現場改善活動を実施いただければと思います。

図表１　現場改善活動のステップ

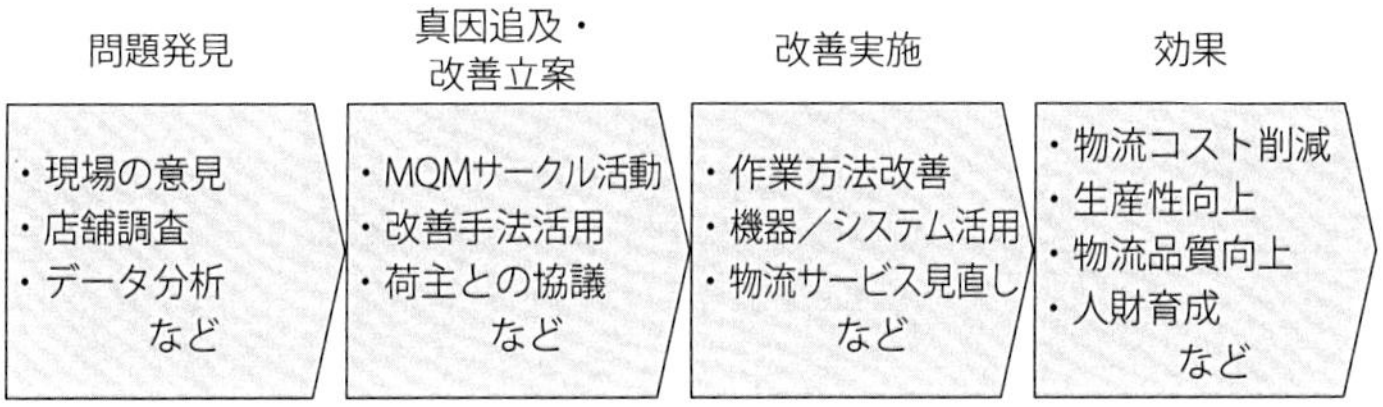

図表２　ケース部署　生産性推移（イメージ図）

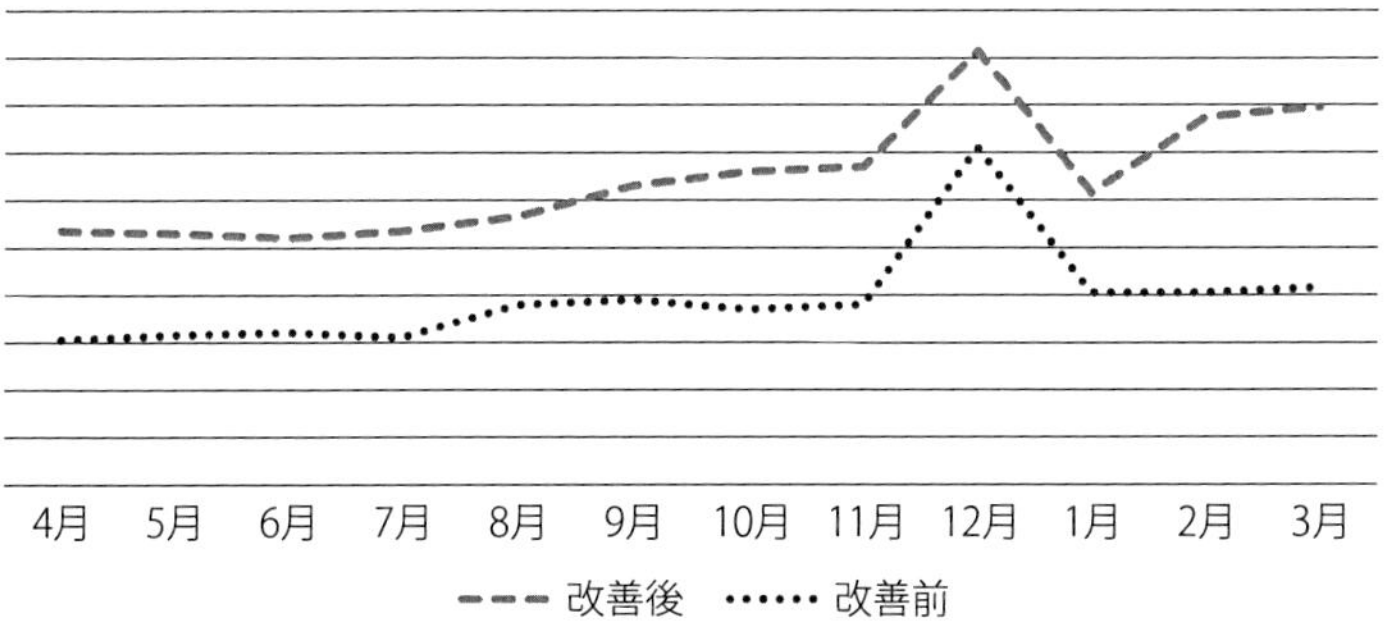

この章のまとめ

1 物流コストは、物流部門以外の要因で変動することが良くあります。物流部門の責任範囲を明確化しておくとともに、他部門への貢献のあり方を考える必要があります。

2 物流コストには様々な分類法がありますが、特に「機能別」「支払形態別」の分類が重要です。

3 「売上高物流コスト比率」は経営上大変重視されますが、一律にコスト比率を減らすことが正しいとは限りません。自社における物流コストの戦略的位置づけを確認することが必要です。

4 ベンチマーキングは、算定された物流コストを改善に結びつけるうえで重要です。一方で、数字の一人歩きは危険であり、コスト比較の前にまず、数値の背景を確認する必要があります。

第3章

事業担当役員に理解して欲しい物流コスト

【この章のねらい】

第３章では，「事業担当役員に理解して欲しい物流コスト」について，次のことを整理します。第１節では，自社の物流コストやサプライチェーン全体の物流コストの全体像，物流コスト管理の重要性を説明しています。第２節では，在庫維持コストや在庫適正化が物流コストやキャッシュフローに与える影響について解説しています。第３節では，物流の投資や物流資産について，中長期の経営戦略や経営管理の視点から説明します。第４節では，物流サービスと物流コストの関係，今後の物流環境などについて，事業継続やSDGsの視点も含めて解説しています。

第３章で取り上げる内容は，荷主企業の物流担当者だけでは解決できない，経営戦略や事業マネジメントと物流コストの関連について説明しています。事業担当役員（事業責任者）のみなさまには，関係部署と調整のうえ，実現いただきたい内容です。

第1節 事業担当役員に理解して欲しい物流コスト

1 サプライチェーン全体の物流コスト

生産から消費までに発生する物流コスト

サプライチェーン（Supply Chain）とは供給連鎖という意味です。企業間の供給体制や供給網と表現されることもあります。そして、サプライチェーン・マネジメント（ＳＣＭ）とは企業間の供給連鎖を効率化していこうというものです。具体的には原材料のサプライヤー、メーカー、卸売業、小売業といったサプライチェーン全体の流通在庫と流通コストを適正化あるいは最小化していこうという企業間の取り組みです。

いま皆さんの手元にある商品は、原材料から工場で製品になり、中間流通を経て店頭に並ぶというように、長いサプライチェーンを経て消費されます。この間に、どれくらいの物流コストが発生していたか、想像できますでしょうか？

左図をご覧ください。この図は、公益社団法人日本ロジスティクスシステム協会が毎年実施している『物流コスト調査報告書』に掲載している生産から消費までに発生する物流コストを説明している図に筆者が加筆したものです。便宜上、完成品メーカーから、卸売業、小売業、消費者の間のサプライチェーンの物流コストとなっています。実際には、完成品メーカーの前に、原材料メーカーや部品メーカー、包装資材メーカーの調達物流費や社内物流費も発生しています。便宜上、完成品メーカーの調達からのサプライチェーンに含まれる物流コストを図に表していますが、生産から消費までにこれだけの物流コストが発生していることがわかります。原材料の調達まで遡るとさらに多くの物流コストが発生していることは、容易に想像できると思います。

さて、それでは、生産から消費に至るまで、どれくらいの物流コストが発生しているかを説明します。

日本の売上高物流コスト比率は、2－3－2項で説明したように、約5％と言われています。原材料・部品・包装資材メーカーが約5％、完成品メーカーが約5％、卸売業が約5％、小売業が約5％として、それらを単純に累計したとしても（実は、この計算はあまり意味がないのですが）、最終の販売価格の約20％程度は、サプライチェーン全体の物流コストと言えるでしょう。

さて、日本の流通は、卸売業や商社などの中間流通が介在し、多段階の流通をしていると言われます。卸売業や小売業の大規模化、全国化により日本の流通も、近年集約化が進んでいるとはいえ、業界によっては、いまでも二次卸や三次卸が流通を担っている場合もあります。多段階の流通になると、その分、サプライチェーン全体の物流コストも上昇します。

皆さんには、サプライチェーン全体で、これだけの物流コストが発生しているということを、まずはご理解いただきたいと思います。

参考文献

公益社団法人日本ロジスティクスシステム協会『２０２０年度物流コスト調査報告書』。

図表　物流コストと物流フローの標準モデル

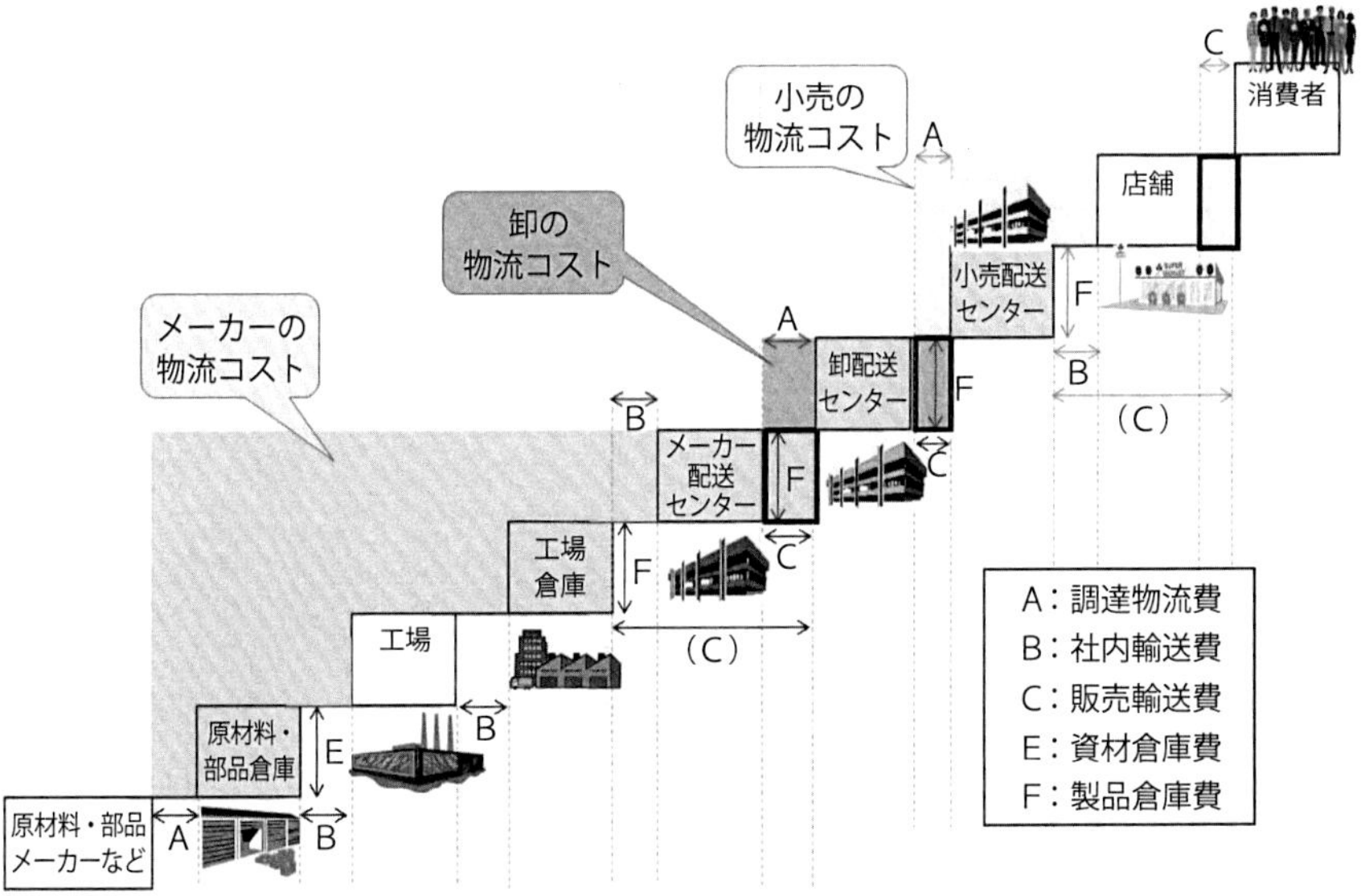

出所：JILS物流コスト調査記入要領に加筆。

第1節 事業担当役員に理解して欲しい物流コスト

2 自社の物流コストの全体像

販売物流費だけではない物流コスト

多くのビジネスパーソンにとって、「物流コスト」とは、「販売物流費」の中の「輸送費」の中の「支払物流費」のみを認識されていると思われます。本項では、荷主企業の自社の物流コストの全体像を説明していきます（物流コストの分類は2−2−1項を参照）。

「販売物流費」とは、取引先や消費者からの注文に応じて納品するために発生する物流コストです。納品（すなわち販売）のために発生する物流コストのため、「販売物流費」と呼ばれています。

自社の物流コストには、それ以外にも調達物流費、生産物流費、社内物流費、返品物流費、回収物流費、廃棄物流費などが発生します。

調達物流費とは、商品や製品、原材料や部品、包装資材などを仕入れ、調達する際に発生している物流コストです。購買部門、輸入部門などの部門が担当です。「調達物流費」という言葉を普段はあまり耳にすることはないかと思います。日本の商慣習では、取引価格に、本体価格と納品のための物流コストが含まれている場合が多いです。調達する側は、特に支払うことがないため、意識されていないことが多いです。日本の企業の売上高物流コスト比率は約5％ですから、大まかですが、仕入価格の約5％は調達物流費と考えて良いと思います。

生産物流費は、生産のために発生する物流コストです。調達した原材料や部品を工場内の倉庫に保管されていると思いますが、その保管費や管理費、また倉庫から工場の製造ラインへの運搬などに発生している物流コストです（一般的には、生産物流費は物流コスト算定には含めず製造部門のコストとされています）。

社内物流費は、工場の製品倉庫から自社の物流センターへ、あるいはA物流センターからB物流センターへなどといった、社内間の物流に発生する物流コストです。小売業の場合だと、店舗間の物流なども社内物流費と言えます。

リバース物流費には、返品・返送物流費、回収物流費、リサイクル物流費、廃棄物流費があります。

　返品・返送物流費とは、商品間違い、数量間違い、納品先間違いといった誤納品をした場合の返品や、なんらかの理由で注文がキャンセルになった場合の返品など、取引先・販売先から返品・返送される際に発生する物流コストです。また、品質不良等で商品を取引先・販売先から回収する場合に発生する物流コストです。回収物流費とは、包装容器（飲料の瓶など）や包装資材（折りたたみ式コンテナーなどの通い箱、パレットなど）を回収する際に発生する物流コストです。リサイクル物流費とは、包装容器や包装資材などを新たな原材料・部品として再利用（再資源化）するために発生する物流費です。廃棄物流費は、製品、容器、梱包用資材の廃材、使用済み製品を廃棄するために要する物流コストです。

　このように、自社の物流コストは、販売物流費以外にも発生していることをご理解ください。経営層の方々には、調達物流費、社内物流費、販売物流費の３つは、意識していただきたいと思います。

　物流コスト調査報告書によると、製造業、卸売業、小売業などでは、自社の物流コストのうち、調達・社内・販売物流コストの比率は、調達約６％、社内約17％、販売約77％という結果が出ています。


　次に、物流機能別構成比率について説明します。物流コストは、輸送費、保管費、荷役（にやく・作業）費、包装費、物流管理費で構成されています。これらの構成比率は、輸送費約55％、保管費約16％、荷役費約18％、包装費約４％、物流管理費約６％といった感じです（詳細は次項参照）。

　最後に、自家物流費と支払物流費を説明します。支払物流費とは、物流業務を委託している運送会社や倉庫会社などに毎月支払っている物流コストのことです。外部の事業者に支払っているため支払物流費と呼びます。自家物流費とは、自社で所有しているトラックや倉庫の減価償却費や維持費、ドライバーや庫内作業員、管理者の人件費など、外部の事業者には支払っていないが自社で発生している物流コストのことです。

　支払物流費は、毎月物流会社から請求書が届くので容易に把握できます。しかし、自家物流費は、その存在すら気づかない、あるいは計算の仕方がわからないといった厄介な存在でもあります（1－3－2項「物流氷山説」参照）。

　物流コストは、「販売物流費」の中の「輸送費」の中の「支払物流費」だけではないことが、ご理解いただけましたでしょうか。

参考文献
公益社団法人日本ロジスティクスシステム協会『２０２０年度物流コスト調査報告書』。

3 輸配送費だけではない販売物流費

保管費、荷役費、包装費、物流管理費も物流コスト

経営者やビジネスパーソンは、販売物流費は納品のための輸配送費のみと認識されることが多いのですが、販売物流費は、輸配送費だけではありません。商品等を保管している倉庫や物流センターで発生する「保管費」、倉庫や物流センターで入荷や出荷のための作業に発生する「荷役（にやく）費」、納品のための段ボールやプラスティック・コンテナなどの「包装費」、そして物流を管理するための「物流管理費」も含まれます。それぞれの費用について、簡単に説明いたします（販売物流費の各費用についての説明です）。

【輸配送費】 貨物を販売先の倉庫または店頭（通販の場合は消費者等）に納品するために要する輸送費。運送会社に委託した場合の支払運賃だけでなく、自社の営業社員等が納品した場合（自家輸送費）も含まれる（輸送費の分類は2－2－2項参照）。

【保管費】 貨物を販売先の倉庫または店頭（通販の場合は消費者等）に納品するまでに要する保管費。倉庫会社に委託した場合の支払保管料だけでなく、自社の倉庫等に保管している場合（自家保管費）も含まれる。

【荷役費】 貨物を販売先の倉庫または店頭（通販の場合は消費者等）に納品するまでに要する倉庫や物流センターでの作業にかかる費用。また、作業の人件費だけでなく、荷役機器の費用等も含まれる。外部に委託している支払荷役料だけでなく、自社の倉庫等で社員等が作業したり、自社の荷役機器を使用した場合（自家荷役費）も含まれる。

【包装費】 貨物に工業包装（段ボール等の外装など）を施すために要する費用で、包装用資材費（容器、荷具など）、包装に係る人件費、また外部に委託した場合の費用等も含まれる。

【物流管理費】 本社および現場の物流管理部門費のことで、物流管理部門の人件費と運営費（事務費、通信費、施設費等）を含む。

つぎに、「物流機能別構成比率」について、説明いたします。例えば、ある会社の今月の販売物流費の総額が1,000万円とします。そのうち輸配送費が550万円、保管費が170万円、荷役費が180万円、包装費が40万円、物流管理費が60万円であれば、物流機能別構成比率は輸配送費55%、保管費17%、荷役費18%、包装費4%、物流管理費6%です。

物流機能別構成比率は、取扱商品の形状や重量、流通によって大きく異なります。例えば、輸配送費の比率では、常温の食品メーカーが約68%、医薬品メーカーが約41%、鉄鋼メーカーが約90%、小売業では量販店が約47%などという数値です（2022年度　物流コスト調査報告書より）。

一般的に、取扱商品が重量物（飲料や金属製品）や容積が大きい（家具、紙製品など）と輸配送費の比率が高くなり、取扱商品が小さく高額（医薬品、化粧品など）な場合は輸配送費の比率が低くなる傾向があります。

皆さんの会社の取扱商品によって変わりますが、販売物流費のおおよそ、50~65%くらいが輸配送費と思われます。つまり、販売物流費は、輸配送費以外の費用が、35~50%程度、発生していると考えていただければ良いでしょう。「販売物流費=輸配送費」ではないことを、ご理解ください。

参考文献
公益社団法人日本ロジスティクスシステム協会『2022年度物流コスト調査報告書』。

図表　物流機能別構成比率

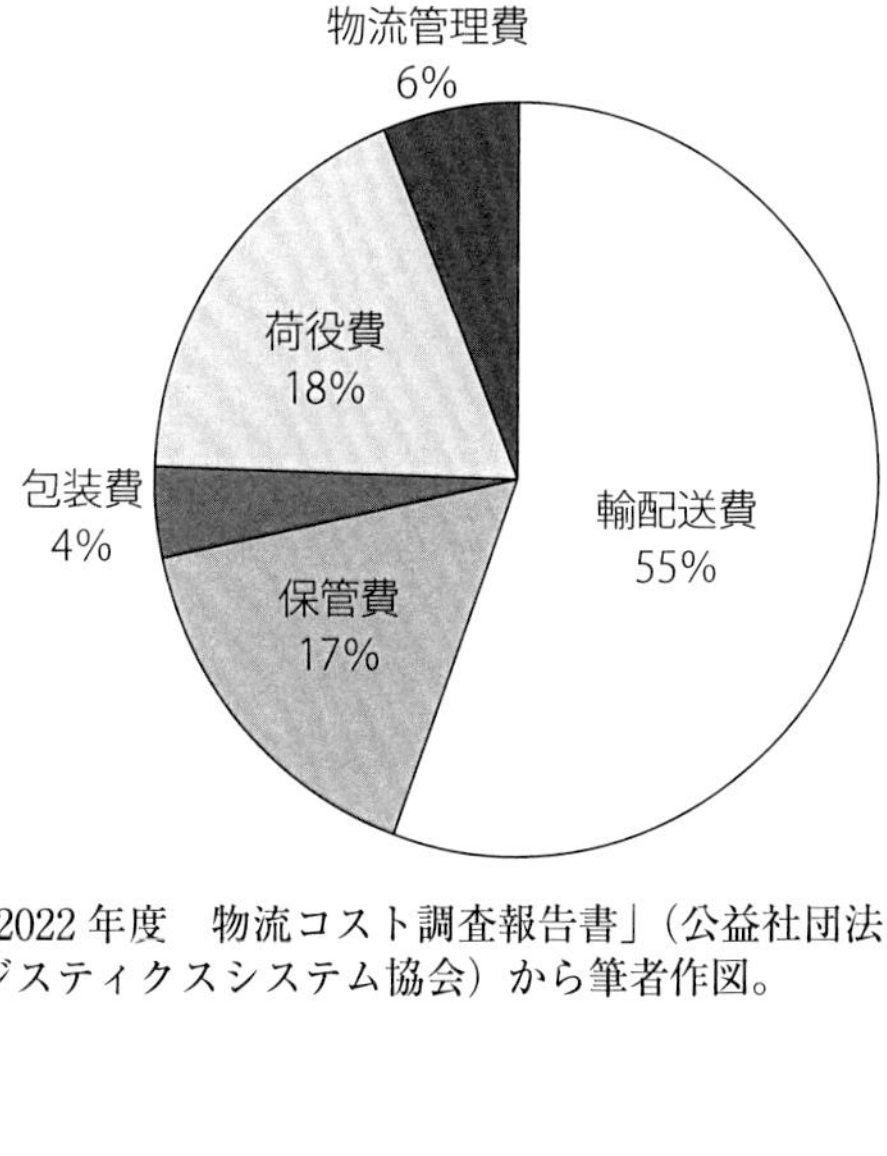

出所：「2022年度　物流コスト調査報告書」（公益社団法人日本ロジスティクスシステム協会）から筆者作図。

4 日本の商慣習と過剰な物流サービス

納品コスト込みの取引価格が過剰な物流サービスを誘引

日本の商慣習の1つに、左図のように、「取引価格には、商品等の本体価格と納品物流費が含まれている」ということが挙げられます。

皆さんもご存じのように、海外との貿易をされる場合、一般的には、取引価格は本体価格のみです。例えば輸出の場合、貿易条件がＦＯＢ（Free on Board、本船渡し）の場合であれば、輸入者（つまり購入側）が海上運賃を負担します。よって、多頻度小口の輸入をすれば、その分、物流コストが増加し、仕入原価（商品代金と調達物流費等）が上昇します。輸入者は、コンテナ単位での輸入というように、調達物流費も考慮したうえで適正な輸入の数量を決定します。

購入側が物流コストを負担するのは貿易の場合だけではありません。アメリカやヨーロッパにおいては、国内取引においても同様で、取引価格は原則、本体価格のみです。日本では販売側が負担する納品のための販売物流費は、欧米では購買側が負担する調達物流費となり、購買側が実費負担します。それゆえに、購買側は、調達物流費も考慮したうえで、例えば大型トラックの積載率が最大になる発注量を検討します。つまり、購買側には、仕入原価を低減させるために、調達物流費を低減しようというモチベーションが働きます。視点を販売側に置くと、納品のための販売物流は、購買側が勝手に合理化を進めてくれるということです。

一方の日本の商慣習では、「納品してナンボ」という価格設定です。通信販売でも、「送料無料」などと表現しています。余談ながら、通信販売の「送料無料」とは、不適切な表現で、「送料込みの価格」か「送料は弊社負担」が良いと思います。

さて、この日本の「納品してナンボ」の商慣習ゆえに、購買側では、物流の合理化のモチベーションが働きません。それどころか、自社の在庫を最小化するため多頻度小口納品を要求したり、店舗や物流センターの作業の効率性を高めるために時間指定納品を要求してしまいます。多頻度小口納品や過度な時間指定を要求しても、自分の仕入単価には変化がないため、販売側の納品のための物流コストが上昇しようが、購買側には痛くも痒くもないからです。

指定された時間通りに納品場所に到着しても、物流センター側の都合で、1~2時間待たされるといったことは日常的です。さらに、納品車両のトラックドライバーに、荷受け側の物流センター担当者が、商品を入庫フロア別にパレットに積み替えさせるなどの様々な付帯作業をさせています。トラックドライバーを長時間待たせようが、契約以外の作業をやらせようが、購買者は何の負担もないからです。

筆者は、この現状に強い危機感をいだいています。少子高齢化による労働人口減少で、トラックドライバーは不足しています。現役トラックドライバーは中高年が多く、若い世代は他産業と比較して休みが少なく給料が安いトラックドライバーを敬遠しています。今後の十数年の間に、トラックドライバー不足は、加速度的に深刻化すると思います。

他産業と比較して、トラックドライバーの労働時間が長く給料が安い原因の1つに、「納品してナンボ」の日本の商慣習が大きな影響を及ぼしていると筆者は考えます。この商慣習を見直す動きもあります。購買側がトラックを手配する「引き取り物流」です。トヨタ自動車は、手配した1台のトラックで、複数の部品メーカーを集荷するミルクラン方式を導入しました。小売業でも、物流センターから店舗に納品したトラックの帰り便で、サプライヤーの物流センターに商品を集荷する動きもあります。今後は、「納品してナンボ」の商慣習が、様々な業界や企業で、見直されるかもしれません。

日本の物流関係者は、「日本の物流サービスは世界一素晴らしい」とおっしゃいます。筆者も、そのこと自体は否定しません。ただし、世界一素晴らしいサービスに、それに相応しい対価が支払われているとは思えません。また、一部の物流サービスは、過剰サービスや不要なサービスとも思えます。

図表　「納品してナンボ」の取引価格から「本体価格」の取引へ

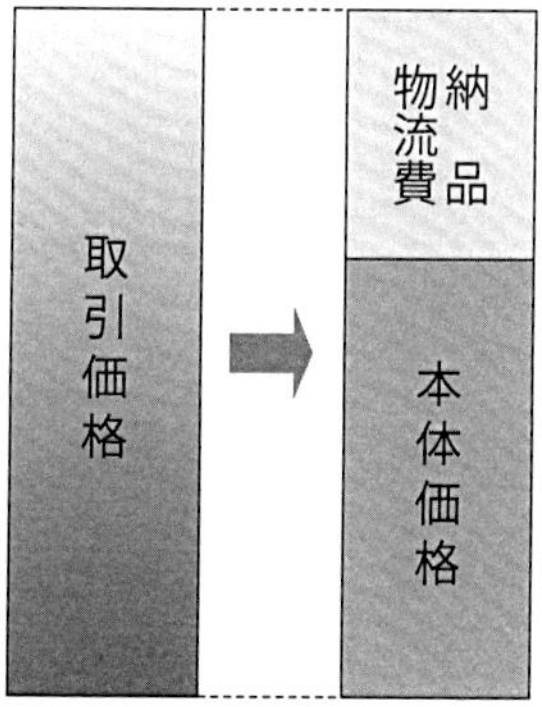

第1節
事業担当役員に理解して欲しい物流コスト

5 正確な物流コスト管理の必要性

取引先・社員の評価、物流サービスレベルの判断を適正化する

自社の物流コスト管理を正確に行う目的は、単に物流コストを削減するためだけではありません。取引先や社員の評価を正確に行うため、また、自社の物流サービスレベルが適正か否かを判断するために、とても大事なことです。

まずは、取引先や社員の評価を正確に行うためという点を説明します。左図をご覧ください。皆さんは、飲料卸売業の某営業所長で、部下に営業社員A君、B君、C君がいるとします。A君は小売業の甲社担当、B君は乙社担当、C君は丙社担当です。昨日の営業日報を見ると、A君、B君、C君とも、それぞれの取引先に、ケース単価500円の商品1,000ケースの商談をまとめてきました。売上高は各50万円です。仮に売上原価（この場合仕入原価）がケース300円とした場合、粗利益（売上総利益、売上高－売上原価）は各20万円で、売上高、粗利益とも差がありません。

しかしながら、出荷単位を確認してみると、A君は1,000ケースを10tトラックで1回納品、B君は200ケースずつ2tトラックに5回に分けて納品、C君は取引先の各店舗に宅配便で40ケースずつ25回に分けて納品という取引条件でした。それぞれの納品にかかる輸送費が、10tトラック1回50,000円、2tトラック1回20,000円の5回で計100,000円、宅配便は1件6,000円の25回で計150,000円とします。乱暴ですが販売管理費は輸送費だけとした場合、それぞれの商いの営業利益をみると、A君は15万円、B君は10万円、C君は5万円です。

売上高や粗利益だけ見ると、3名とも同じ評価になりますが、納品のための輸送費のことも考慮した商談をしたA君と、取引先の要望通りに店舗ごとに宅配便で納品することを承知したC君とでは、営業利益額が大きく異なります。

前項で説明したように、日本の商慣習は、「納品してナンボ」なので、納品条件により、利益額が大きく異なることがわかります。私が営業所長なら、A君を高く評価します。

次に、取引先について見てみましょう。売上高、粗利益は

甲、乙、丙とも同じですが、自社にとって、丙社の納品条件は単価とバランスが悪いと思います。私が営業所長なら、C君に、「丙社の担当者に、この納品条件だと、単価を500円から550円に値上げさせてくださいと交渉してこい」とアドバイスします。もし、丙社が単価550円を承諾してくれると、売上高が55万円になるため、この納品条件でも営業利益は10万円となります。あるいは、丙社の担当者が、「10％の値上げは無理。単価を据え置きして欲しい」と言ってきたなら、納品条件を、乙社のように、200ケースずつの納品に変更してもらえるように交渉させるでしょう。

このように説明すると、「当たり前じゃないか」と皆さんはお怒りかも知れません。そこで、1つ、質問させてください。貴社では、この事例のように、取引単位（あるいは取引先単位、営業担当者単位）で、物流コストを把握し、売上高や粗利益だけでなく、物流コストを差し引いた利益額を管理されているでしょうか？　筆者の知る限り、できている企業は少数派だと思います。

取引先や社員を適正に評価するため、そして取引の単価が物流サービスに見合っているのか判断するために、正確な物流コスト管理は重要です。

図表　取引単位で物流コストを把握（イメージ）

	営業社員A 甲社担当	営業社員B 乙社担当	営業社員C 丙社担当
販売量	1,000個	1,000個	1,000個
売上高（@500円）	500,000円	500,000円	500,000円
売上原価（@300円）	300,000円	300,000円	300,000円
出荷単位	1,000個（1回）	200個（5回）	40個（25回）
輸送費	50,000円 （@50,000×1）	100,000円 （@20,000×5）	150,000円 （@6,000×25）
利益	150,000円	100,000円	50,000円

1 在庫維持コストとは

経営に大きなインパクトを与える「在庫維持コスト」とは

「在庫維持コスト」をご存知でしょうか。在庫保有コスト、インベントリー・キャリング・コスト（Inventory Carrying Cost）とも呼ばれます。本項では在庫維持コストと表記します。

在庫維持コストは、在庫を保管するための倉庫費用や管理費用、火災保険料、値引き販売や廃棄したときの損失などです。また、商品等を生産・仕入れの際に投下した資本コストを含みます。例えば、銀行等から借り入れた場合の支払金利の他、社内金利も含まれます。

日本の企業の1年間の在庫維持コストは、在庫金額の20％程度と推定されています（アメリカでは在庫維持コストの調査が行われており約20％です）。例えば、年商１２０億円の企業が約1カ月分の在庫を保有していると、在庫金額は約10億円、このうち20％が在庫維持コストとして毎年発生します。この企業の場合の在庫維持コストは年間２億円です。一般的な日本企業の売上高経常利益率は５％前後と言われておりますので、年商１２０億円の企業の経常利益額は約６億円です。この企業が、在庫の適正化により在庫金額を20％削減した場合、在庫維持コストは1億６、０００万円と４、０００万円の削減になります。この削減額が利益になったとすると、経常利益額は６億４、０００万円、経常利益は約7％上昇します。年間8億円の売上拡大（年商約７％アップ）と同じ効果です。企業間競争が激しい経営環境下で、前年度より売上を7％アップするのは至難の業ではないでしょうか。在庫維持コストのインパクトが、いかに大きいかご理解いただけると思います。

在庫は、保有しているだけで、倉庫費用や管理費用が発生します。また、保有期間が長くなると、流行遅れや賞味期限が短くなるなど、その価値も低下していきます。売れないまま消費期限が過ぎたり、品質劣化により販売できない場合は、廃棄処分をしなければなりません。生産・調達コストが無駄になるだけでなく、廃棄処分費も発生します。これらのことから、「在庫」のことを「罪庫（ざいこ）」と表現する経営者や経営コンサルタントもおられます。

詳しくは次項（第2項）と次々項（第3項）で説明しますが、在庫を適正化することで、在庫維持コストや物流コストの削減、売上拡大、キャッシュフローの改善など、経営に大きなメリットが見込まれます。

さて、筆者は日本企業の在庫維持コストは、年間在庫金額の約20%と説明しました。しかし、流行やシーズンがあるアパレル業界、次々と新機能を搭載した新製品が投入されるパソコン、スマートフォンなどの情報機器業界などの在庫維持コストは、20%よりも高いと思われます。

厳しい経営環境下において、経営者や事業責任者の方々は、経費削減や経営の合理化に頭を悩ませておられると思います。最終手段として、人員整理を検討されるかもしれませんが、これは特に心が痛むことでしょう。そのまえに、ぜひ、在庫の適正化に着手され、在庫維持コストを見直されてはいかがでしょうか。在庫の適正化については、次項で説明します。

参考文献

Bowersox, Donald J. David J. Cross, M. Bixby Cooper, "Supply chain logistics management" 2002.

図表　在庫維持コスト

要素	平均（%）
資本コスト	15.00%
税	1.00%
保険	0.05%
陳腐化・劣化	1.20%
保管	2.00%
合計	19.25%

出所：Bowersox 他 "Supply chain logistics management"

第2節
在庫維持コストと物流コスト

2 在庫適正化でコスト削減と売上拡大

過剰在庫削減はコスト削減、欠品防止は売上拡大に寄与する

「過剰在庫（売れ残り）の最小化」と「欠品（売り切れ）の最小化」といった「在庫の適正化」により、コスト削減と売上拡大が実現できます。厳密に物流コストを算定する場合、在庫維持コストは物流コストに含まれます。一方、欠品による売上減少は、物流コストではありませんが、自社にとっては損失となります。

在庫の適正化を説明する前に、「在庫管理」という言葉について説明しておきます。「在庫管理」という言葉を英語にすると、Stock ControlとInventory Managementという2つの異なる言葉になります。Stock Controlは在庫品を過不足なく管理する、つまり帳簿やコンピューターに記載されている在庫データと現物在庫が合致しているかという現品管理、そして原材料や商品が適正な状態で効率よく管理されているかという保管管理という意味です。物流センターや店舗といった現場において、商品などの在庫を適正かつ正確に管理することです。

一方のInventory Managementは、棚卸資産（原材料、仕掛かり品、完成品など）の数量と配置を適正化するという意味です。例えば、猛暑が予想されるのでミネラルウォーターを例年より20%多く在庫しておく、在庫の40%を人口が多い関東圏に、20%を関西圏に配置する、というように在庫の数量と配置を適正化するということです。

このように「在庫管理」には、2つの異なる意味があるので誤解を招く恐れがあります。そこで、在庫の数量と配置を適正化するInventory Managementを「在庫政策」と筆者は名付けました。本項では、「在庫の適正化」と表記します。

在庫の適正化には、2つの大きな役割があります。それは、①欠品（売り切れ）の最小化と ②過剰在庫（売れ残り）の最小化です。欠品とは、商品等が売り切れて販売できないことで、販売機会損失とも呼ばれます。

過剰在庫とは、商品等がいつまでも店頭や倉庫で売れずに残っている状態です。本来であれば、顧客に購入されて現金

に変わるものが、いつまでも店頭や倉庫で眠っているということです。過剰在庫が発生すると、様々な不具合がでてきます。売れ残っているからといって値引き販売をすると利益率が低下します。最悪の場合は賞味期限が切れる、流行遅れで誰も買わなくなって廃棄処分するなどで、製造コストや仕入代金が無駄になるだけでなく廃棄処分費も発生し大損です。さらに、保管中の保管費用や在庫金利が発生します。また本来、売れてお金に変わるべきものが店頭や倉庫に眠っているというのはキャッシュフローの悪化、資金繰りの悪化にも繋がります。

欠品すれば販売機会を損失して売上が減少します。欠品は自社のデメリットだけでなく、顧客や取引先へのサービス品質や顧客満足の低下にも影響します。欠品を恐れて在庫を多く持てば過剰在庫になり、値引き販売、経費増加、キャッシュフローの悪化などを引き起こします。どうすれば良いのか、頭を悩ませる経営者や責任者は多いと思います。

在庫適正化の重要性を経営層に説明した際、早とちりの経営者が、部下に「在庫削減」を指示されることがあります。在庫削減の指示を受けた部下の方々は、一律に5％削減、10％削減と取り組まれ、売れ筋商品の欠品リスクをさらに高めてしまいます。

一般的に多くの企業では、よく売れる商品（Aランク）や、そこそこ売れる商品（Bランク）は在庫が少な目で欠品のリスクが高いです。一方で、あまり売れない商品（Cランク）、ほとんど売れない商品（Dランク）は過剰在庫になっています。一律に在庫削減に取り組むと、AランクやBランクの商品の欠品リスクが高まってしまいます。

売れている商品は在庫を多めに持って欠品のリスクを軽減し、売れていない商品は、在庫を少なくするというように、「在庫の適正化」が重要です。欠品を最小化することで、「商品さえあれば売れたのに」という販売機会損失を減少させ売上拡大に貢献します。また、過剰在庫を最小化することで、在庫維持コストの削減とともにキャッシュフローの改善にも繋がります。

「在庫の適正化」（在庫政策）とは
◇欠品（販売機会損失／売り切れ）の最小化
◇過剰在庫（売れ残り）の最小化

第2節
在庫維持コストと物流コスト

3 在庫適正化でキャッシュ・フロー改善

キャッシュ・フローとキャッシュ・コンバージョン・サイクル

在庫を保有していると倉庫費用や管理費等の「在庫維持コスト」が発生します。それでは、なにゆえに企業や店舗は在庫を保有しているのでしょうか。在庫を保有する理由は、大きく4つあります。

① 消費の変動に対して生産（調達）のコスト最小化（規模の経済）
生産量や調達量を大きくすることで、原価等の低減を図る

② 生産と消費の間のタイミングや量の変動の調整
クリスマスケーキなど短期間に大量に販売消費される商品の作りだめ

③ 消費または次の工程へ迅速に供給
受注生産や客注仕入の場合、在庫は不要だが、納品までのリードタイムが長くなる。すぐに供給するため在庫が必要

④ 商品への経済的価値の付加
鉱物や穀物など、商品相場や為替相場が有利なときに大量に仕入れ保管し、市場価格上昇に応じて販売するなど、例外的に保管により経済的価値が付加されることもある

これらの理由で、多くの企業、店舗では在庫を保有せざるを得ないと言えます。しかし、在庫は、保有しているだけで、倉庫費用や管理費用が発生します。また、保有期間が長くなると、流行遅れや賞味期限が短くなるなど、その価値も低下していきます。

ペットショップで販売されている子犬や子猫をイメージするとわかりやすいと思います。生後2カ月くらいのときは、定価で販売されていますが、売れ残り生後6カ月くらいになると値引き販売されるようになります。その間に、餌代もかかりますし、従業員に散歩をさせると人件費も発生します。余計に費用が発生するとともに、価値も下がります。動物愛護の観点から良い例え話とは言えませんが、在庫維持コストを理解していただくには、わかりやすいと思います。買い手がいるかわからない子犬や子猫の在庫をとりあえず店頭に保

有するのは、子犬や子猫にとっても不幸なことですね。

次に、アパレル店のバーゲンセールを例に説明します。シーズン後半になると、店頭で30％引き、50％引きなどバーゲンセールがあります。バーゲンセールは、値下げして消費者を喜ばせるためにしているのではありません。もし、商品が売れ残ってしまったら、季節商材であるアパレル商品は来シーズンまで販売機会がありません。その間に在庫維持コストが発生します。流行があるアパレル商品では、売れ残った商品が、来シーズン売れる見込みは小さいでしょう。よって、店頭では、値下げしてでも、在庫品を販売しキャッシュに換えているのです。

在庫を保有していることによるデメリットに、キャッシュ・フローの悪化が挙げられます。物流センターや店舗の在庫（モノ）は、販売されたあとに現金（カネ）に換わります。モノを生産するために原材料や部品等、あるいはモノを販売するために商品等をカネで購入しています。つまり、生産や仕入れのためにキャッシュを支払っています。そうして手にしたモノが、いつまでも物流センターや店舗にあると、在庫維持コストが発生するだけでなく、モノのままカネに換わらずにキャッシュの回転が悪化します。

専門的になりますが、企業が商品・原材料等を仕入れるために現金を投入した後、どのくらいの日数で現金を回収できるかを示す指標に、キャッシュ・コンバージョン・サイクル（Cash Conversion Cycle, ＣＣＣ）というものがあります。ＣＣＣは、売上債権回転日数＋棚卸資産回転日数－仕入債務回転日数で計算します。ＣＣＣが短ければ運転資金は少なくてすみ、長ければ運転資金が大きくなり資金繰りが厳しくなります。物流の視点からは、在庫回転率を高めるとＣＣＣの短縮化に寄与します。

さておき、在庫とキャッシュの関係は、街の鮮魚店をイメージするとわかりやすいと思います。今朝、仕入れた鮮魚を今日中に売り切り現金化します。閉店したときに店頭在庫はゼロで、手元には、モノからカネに姿をかえた現金があります。企業経営のお手本は、我々の身近なところにあるものですね。

図表　キャッシュ・コンバージョン・サイクルのイメージ図

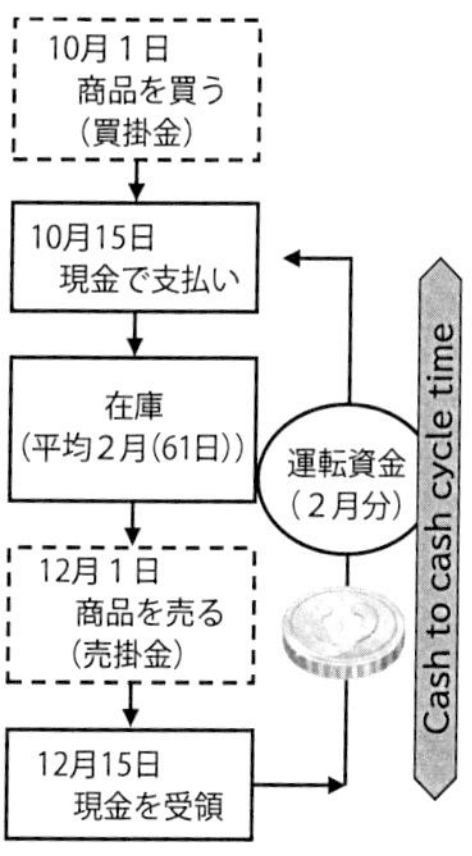

・ビジネスは「現金→商品→現金」というサイクルを描く。このサイクルが短いほど、〝儲かる〟ビジネスとなる。この現金〜現金の期間のことを「キャッシュ・トゥ・キャッシュ・サイクルタイム」（資金回転期間）という。これも在庫削減の目的の1つである。

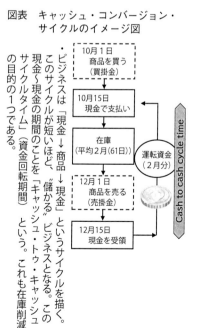

第3節 資産圧縮とROA、投資採算

1 物流視点のROA向上

在庫適正化、物流資産圧縮、物流コスト削減

経営者や事業責任者にとって重要な経営管理指標に、総資産利益率（ROA）があります。物流を適正化することにより、ROAを向上させることが可能です。左図のように、ROAは、総資産回転率×売上高利益率で表します。掛け算ですから、総資産回転率か売上高利益率のどちらかの数字をあげると、ROAは高くなります。

総資産回転率を高めるためには、物流視点から、主に3つのアプローチがあります。

① 売上高を増加させ在庫回転率を高くする
② 物流の固定資産（倉庫、設備など）を圧縮する
③ 在庫を適正化する（過剰在庫を削減する）

「①売上高を増加させる」といっても、営業部門が行うような販売促進やキャンペーンではなく、物流からのアプローチです。例えば、在庫を適正化することにより欠品を削減し売上に貢献する、物流合理化により物流コストを削減しそれを原資に販売価格を低減し価格競争力を強化する、輸配送ネットワークを整備して納品リードタイムを短縮するなどです。売上高を増加させることで、在庫量が変わらなくても在庫回転率が高まります。

「②物流の固定資産を圧縮する」際は、自社で実施している物流（自家物流）を外部の物流会社に委託するといった物流戦略の転換が必要になります。中堅・中小企業では、営業担当者が小型トラックで配送している、工場や営業所に隣接した倉庫で、社員が倉庫管理や荷役作業をしているといった自家物流の場合があります。商圏が狭い場合は自家物流が効率的なこともありますが、一般的には、物流業務は物流会社に外部委託するほうが効率的と言われています。現在、自家物流をされている企業でも、特に自家物流にこだわる必要がない場合は、物流戦略を見直して、物流の外部委託を検討されても良いかも知れません。もし、外部委託することになれば、不要になった物流の固定資産は売却するなどして圧縮さ

れるとＲＯＡの向上にも繋がります。
「③在庫を適正化する」については、「過剰在庫（売れ残り）削減」と「欠品（売り切れ）防止」といった在庫の適正化により、在庫回転率は高くなり、また無駄な在庫維持コストの削減により売上高利益率は向上します（３－２－１項参照）。

これらの３つのアプローチは、経営戦略の見直しや他部門との調整が必要なので物流部門だけでは実施が難しいです。ぜひ、事業担当役員（事業責任者）の皆さんには、営業部門や製造部門、調達部門などの関係部署との調整のうえ、実施いただければと思います。

次に、物流視点からの「売上高利益率の向上」について説明します。物流コストの多くは「販売費」に含まれます。売上高－売上原価－販管費（販売費＋一般管理費）＝営業利益なので、販売費に含まれる物流コストを削減すると売上高利益率は向上します。といっても、単に物流会社に運賃や保管費、作業費等の単価交渉をするといったことではありません。物流の改善や合理化により、無駄を省いて、物流コストを削減するといったことです。

事業担当役員（事業責任者）の皆さんには、ぜひ、物流の適正化に関心をお持ちいただき、貴社のＲＯＡ向上を実現いただければと思います。

図表　物流視点の ROA 向上

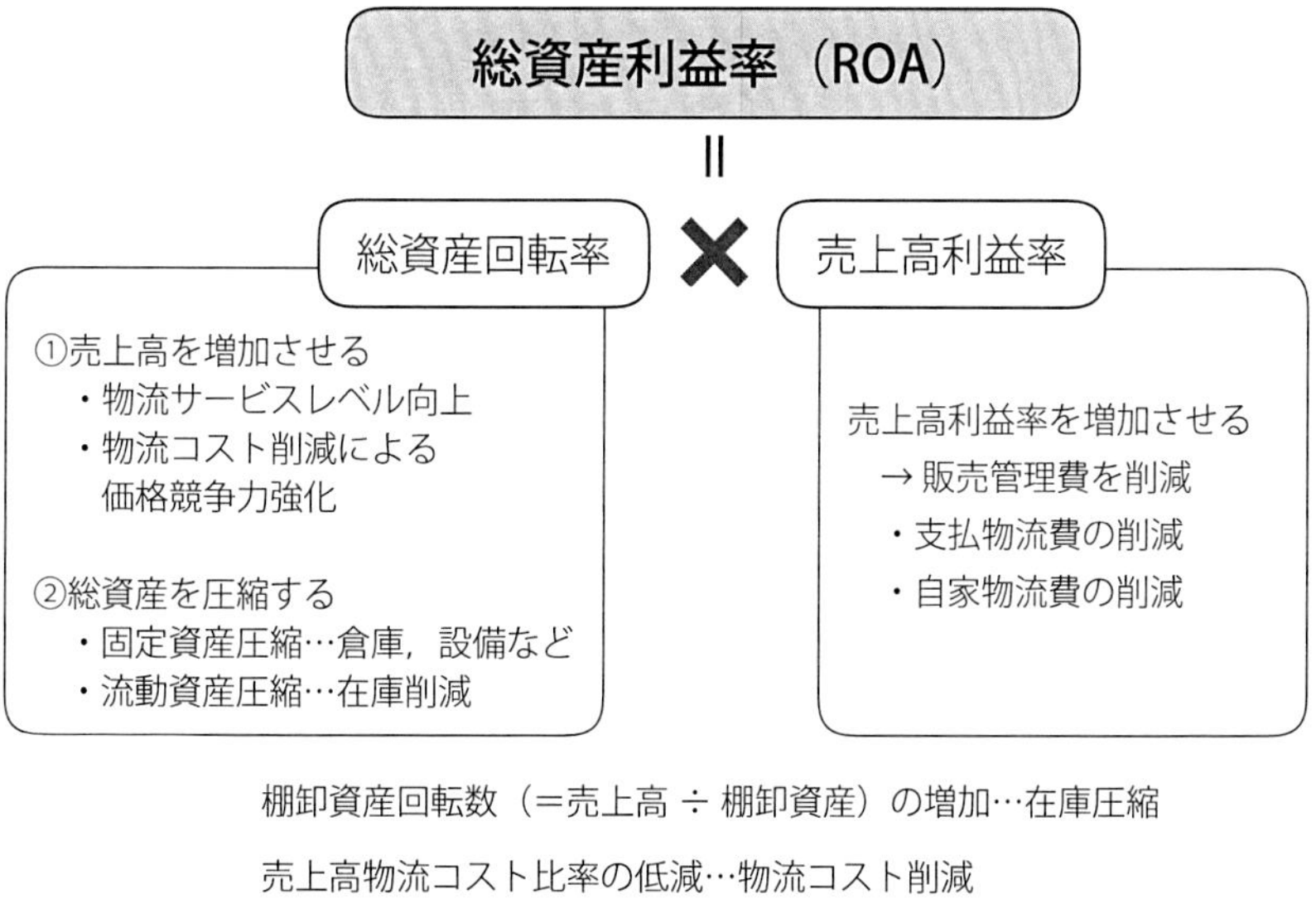

2 物流への投資とは

土地建物、設備、IT、ヒトへの投資

製造業・卸売業・小売業などの荷主企業における物流への投資には、トラック等の車両、物流センター等の土地・建物、物流センター内の物流機器などの設備、倉庫管理システムなどの情報システム、そして物流部門の人材などが挙げられます。まさに、経営資源（ヒト、モノ、カネ、情報）への投資です。

荷主企業で、今後、自社での配送を検討される企業は少ないでしょう。なぜなら、ただでさえ人手不足なのに、配送に社員（トラックドライバー）を投入する余力がないからです。よって、本項では、土地・建物、設備、情報システム、ヒトへの投資について、説明します。

新しく物流センターを建設する場合、土地・建物、設備、情報システムなどで、20～50億円が必要です。医薬品や食品など温度管理が必要な商品の物流センターでは、冷蔵や冷凍の設備が必要なので、初期投資額（イニシャル・コスト）はさらに大きくなります。また、初期投資額だけでなく、建物や設備を維持するための費用（ランニング・コスト）も日々、発生します。

また、物流センターを管理、運営する社員、パート・アルバイトの人材も必要です。特に社員は、日々の物流業務の遂行のため、物流の知識や経験、またパート・アルバイトのマネジメント能力が必要です。さらに、物流センター長などの責任者は、日々の物流業務の遂行を管理するだけでなく、物流センター内の労働、安全、衛生、防災の管理も必要なので、法令順守のための資格や知識を有しなければなりません。さらに、物流センター内の運営管理のためには、管理者や作業者だけでなく事務所のスタッフも必要です。

物流に関連する情報システムには、受注処理システム、在庫管理システム、倉庫管理システム、輸配送管理システムなどがあります。多くの荷主企業では、受注処理システム、在庫管理システムはすでに導入されていると思われ、また自社で輸配送を実施している企業は少ないと思われますので、次

項で、倉庫管理システムについて説明します。

一般的に、製造業・小売業にとって、物流業務は、コア・ビジネスではないと認識されている経営者が多いのではないでしょうか。例えば、製造業では、商品開発や工場建設など、小売業では店舗開発や社員教育による接客力向上などに経営資源を投入し、売上や利益の拡大を目指す経営戦略を取られる企業が多いと思われます。日本の多くの荷主企業では、輸配送は○○運送、倉庫の保管荷役は□□倉庫にというように、物流は外部委託（物流アウトソーシング）しています。昨今は、荷主企業が物流業務全般を、物流会社に包括的に委託するサード・パーティー・ロジスティクス（3PL）も注目されています。このような動きは、物流に経営資源を投資しないという経営戦略です。

一方で、花王、ニトリなど、物流に経営資源を積極的に投入している荷主企業もあります。両社とも、グループに物流会社を持ち、物流センター、物流機器、物流情報システム、そして物流の人材に積極的に投資されています。

また、物流が自社の競争力強化に繋がるとして、自社物流に注力している会社もあります。工場用副資材等を販売しているトラスコ中山（大阪・中山哲也社長）は、豊富な品揃え（40万以上のアイテムを在庫）と短納期を実現するため、全国に26の物流拠点を持ち、納品先に一日2便の配送体制を整えています。

いずれかの経営戦略が良い悪いということではありません。自社にとって、物流業務を自社化するか、外部委託するかは、経営戦略上の重要な判断です（2－3－1項を参照）。いずれの場合でも、物流部門の人材（財）への物流のスキルアップや資格取得のための投資は必要です。なぜなら、物流現場の生産性、品質、スピードは現場で作業している人に依存しています。また、物流の管理、企画、実行のレベルも物流管理者（企画者）の能力に依存しています。物流部門の人材の育成は、貴社の競争力を高める最も効果的な投資と思われます。

参考文献

トラスコ中山株式会社ホームページ。

3 「物流」に投資すべきか否か

物流への投資のメリット・デメリット

荷主企業が物流に投資すべきか否かの判断の参考になればと、そのメリット・デメリットについて、一般論として説明します。

輸配送を自社化する場合でも、トラック等の車両に投資し、ドライバーを自社雇用するのは、一般的にはリスクが大きいと思われます。自家配送は、貨物の積載率が低く、納品後の復荷（復路に積載する貨物）を確保するのが難しいため、輸送効率が低くなります。また、現状では、ドライバーの採用、労務管理も難しいです。万一、交通事故を起こした場合のダメージも大きいです。ただし、例外的に商圏が狭い卸売業や小売業では、自家配送のメリットはあります。アニメ「サザエさん」の三河屋（酒屋）のサブちゃんのように、狭い商圏で、営業兼配達を担うのであれば、自家配送が効率的な場合もあります。

自社の物流センター等の土地・建物等への投資は、次の点から、経営上のリスクが高いです。初期投資額、また固定資産・固定費が大きくなり、財務的な負担が大きくなります。物流センターへの投資は、数十億円なので、20～30年の償却期間になるでしょう。その間に、販売量の増減、販売先・仕入先の分布などが大きく変わった場合、輸配送ネットワークの見直し等が機動的にできなくなります。

関連する事例を2つ紹介します。通販会社A社は今後の成長を見越して、大規模な物流センターに投資しました。ライバル企業との競争激化により、想定していたほど物量（販売量）が増加せず、その大規模な物流センターの約半分は稼働しておりませんでした。それでも、固定資産税、建物・設備の減価償却費、設備のメンテナンス費等の固定費は発生しつづけ、長期にわたって同社の経営を圧迫していました。

食品加工メーカーB社の工場と物流センターは信州にあります。当初は青果として販売できない形の悪い野菜を原料に商品を製造していたため、野菜産地の近隣に工場と物流センターをつくりました。しかし、いまは仕入れ値がより安価な海外産野菜を原料としているため、関東の港に輸入されたものを信州の内陸部まで陸送しています。商品の販売先は、従来から関東圏が多く、原料の調達先が海外シフトしたこともあり、工場と物流センターは信州よりも関東エリアの港の近くに置くほうが、はるかに効率的です。しかしながら、工場や物流センターに投資している以上、拠点をすぐに移すことは経営上難しいです。

　このように、物流センター等の土地・建物等への投資は、中長期の経営戦略も含めて判断してください。なお、現在は、「物流不動産会社」が注目されています。投資家から資金を集めて不動産に投資し、収益を還元する「ＲＥＩＴ（リート、不動産投資信託）」という仕組みを活用し、複数の企業が入居できる大規模な物流施設を整備したり、１社専用のセンターを建設して長期間貸し出したりしています。物流不動産会社の施設を賃借するというのを選択肢の１つにされるのも良いでしょう。

　物流業務と情報システムは相性が良いです。ここでは、倉庫管理システム（Warehouse Management System, ＷＭＳ）について説明します。ＷＭＳの導入や活用により、事務作業、現場作業、物流管理のスピード化や効率化が図れます。ＷＭＳは、初期費用が数百万円から数千万円のものもあれば、月額数万円の利用料で利用できるものもあります。中小の荷主企業が自社で物流をされている場合、ＷＭＳを導入せずに、受注システム等を代用して物流の作業をしているケースがあります。物流の作業・管理がとても手間取り、非効率なことが多いです。自社で物流センターを運営する場合、ＷＭＳは必要なものです。また、物流業務を物流会社に包括的に委託する３ＰＬ（前項参照）を活用する場合でも、物流会社のＷＭＳではなく自社のＷＭＳを利用することもあります。

図表　物流投資の対象

荷主企業の土地・建物，設備，IT，車両など
物流への投資は経営戦略と関連

荷主企業・物流会社の人材への投資は，
物流の競争力を強化

1 輸配送ネットワークが物流のサービスとコストを決める

輸配送ネットワークとは、物流サービス・コストへの影響

物流サービス水準を高めれば物流コストは上昇し、物流コストを削減すると物流サービスは低下するというように、物流サービスと物流コストは、トレードオフの関係にあると言われます。物流サービスとは、物流に付加される価値で、短いリードタイムといった迅速性、納品ミスが少ないといった正確性などのことです。「7つのR」、すなわち、Right Quality（適切な品質で）、Right Quantity（適切な量を）、Right Time（適切な時間に）、Right Place（適切な場所へ）、Right Impression（良い印象で）、Right Price（適切な価格で）、Right Information（正しい情報を）と言われることもあります。

「輸配送ネットワーク」（「物流ネットワーク」と言う場合もありますが「輸配送ネットワーク」と表記）を例に説明します。輸配送ネットワークは、ノード（Node）とリンク（Link）によって構成されます。ノードとは、物流拠点を意味し、商品の積み替えや一時留め置く場所のことです。リンクとは、ノードとノードを結ぶ線（輸送経路）です。具体的には、物流拠点をどこに置き、取引先にはどのような輸送経路で納品するかという物流体系を輸配送ネットワークと言います（4－2－2項参照）。

輸配送ネットワークを設計した段階で、今後発生する物流コストと、物流サービスレベルの大枠は決まってしまいます。

例を挙げて説明します。某大手製造業A社は、以前は北海道、東北、関東、中部、北陸、関西、中国、四国、九州の全国9カ所に物流拠点を持ち、各地域の取引先にはそれぞれの物流拠点から納品していました（左図の左側）。輸配送ネットワークの見直しにより、東日本は関東に、西日本は関西に物流拠点を集約しました（左図の右側）。全国9拠点のときは、納品先までの距離が短い分、輸送費は少なくて済みますが、倉庫面積が大きく、作業者が多いため保管費や荷役費が多くなります。全国2拠点の場合、例えば関西から九州ま

での納品になると輸送距離が長くなるため輸送費は増加します。しかし、拠点が集約されることにより、倉庫面積が縮小し、作業者の人数も少なくなるため、保管費や荷役費が減少します。また、物流拠点を集約することにより、在庫総量を圧縮できるため、在庫維持コストも削減できます（左図の下段）。物流拠点を集約することで物流コスト削減が可能です。

一方で、全国2拠点の場合、物流拠点に近い納品先への物流サービスレベルは変わりないですが、遠い納品先への物流サービスは低下する可能性が高いです。例えば、北東北の取引先への納品、以前は東北物流センターから出荷だったため翌日午前中納品が可能であったものが、全国2拠点の場合、関東物流センターから出荷のため翌日午後の納品になってしまうといったことです。

輸配送ネットワークを設計する際は、物流コストだけでなく、物流サービスのことも考慮する必要があります。このように輸配送ネットワークの設計は重要な事柄なのですが、多くの企業では、「工場跡地に物流センターを建設しよう」、「土地代が安いから」というように安易に物流拠点の立地を決めてしまいます。

また、いったん輸配送ネットワークを構築したら終わりではありません。取引先や納品先の分布の変化、生産拠点や仕入先の変更などにより、物流拠点の見直しも必要です。輸配送ネットワークが、物流コストと物流サービスに大きな影響を与えるということをご理解いただけましたでしょうか。

図表　物流拠点集約による物流コスト削減（イメージ図）

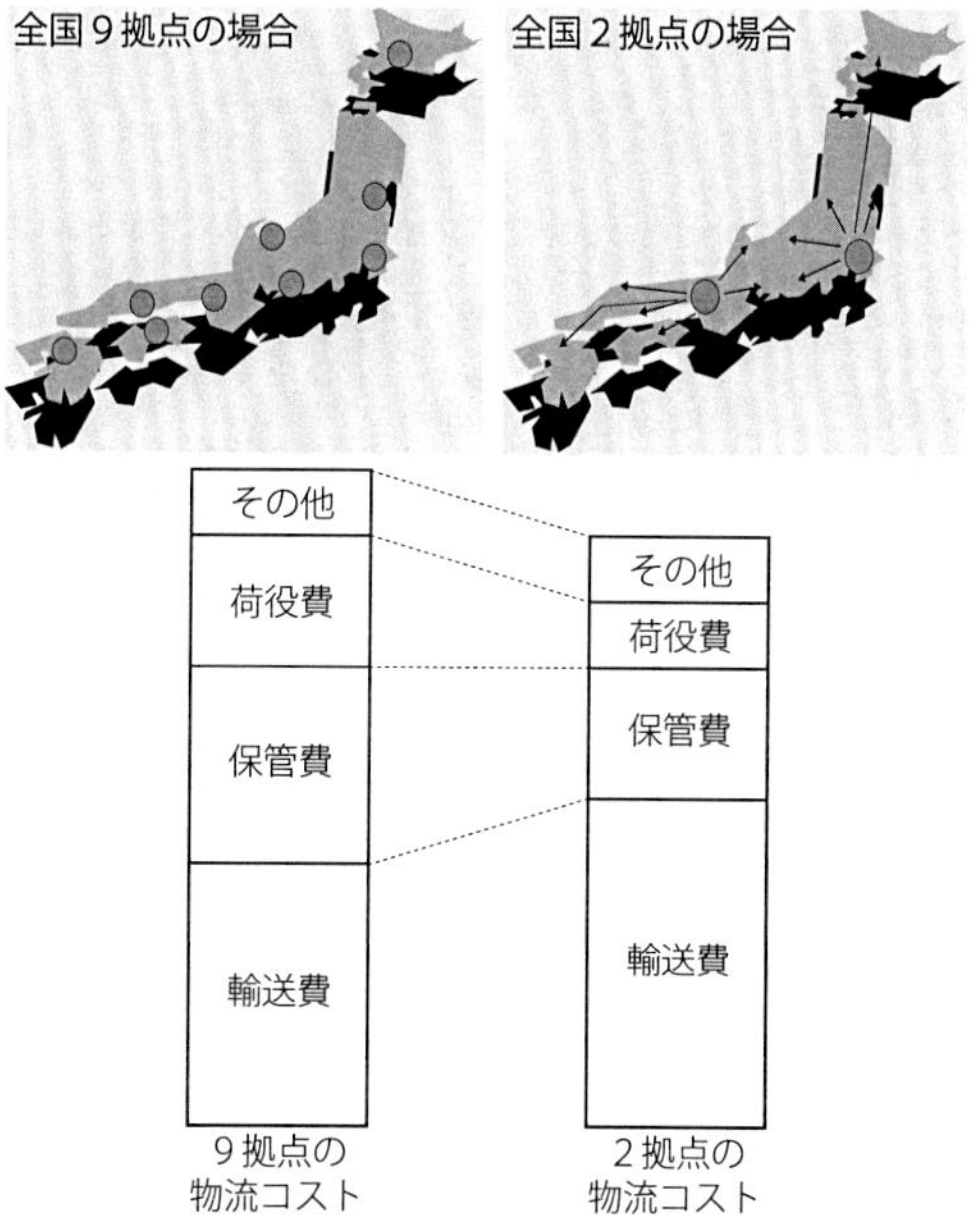

第4節 物流サービスと物流コスト

2 今後、いまの物流サービス・物流コストは維持できなくなる

当日受注翌日納品を止めてホワイト物流

少子高齢化による労働人口の減少で、様々な業界で人手不足を心配されていると思います。その中でも、特にトラックドライバーの不足は、日常生活に必要な物資の輸送ができなくなる恐れがあり、特に深刻な問題です。公益社団法人鉄道貨物協会の調査では、２０２８年には約28万人のドライバーが不足すると予想されています。トラックドライバーの長時間労働、低賃金もドライバー不足の原因と考えられています。

このような状況のもと、国土交通省、経済産業省、農林水産省は「ホワイト物流」を推進しています。ホワイト物流とは、「荷主と物流事業者が相互に協力し、トラック輸送の生産性向上と物流の効率化、女性や60代以上の運転者等も働きやすい労働環境の充実」を目指し、ドライバー不足に対応しようとするものです。

不足しているのは、トラックドライバーだけではありません。インターネット通販の拡大等により、倉庫内の作業者（正社員、パート社員、アルバイト等）の不足も深刻です。

トラックドライバーや倉庫作業者の不足に対応するべく、輸送分野では高速道路の自動運転や隊列走行の実証実験が行われています。また倉庫内の作業においては、ロボット化や自動化の技術開発を進めています。しかしながら、物流業界の労働力不足は、もはや物流会社の努力だけでは解決できない状態です。現状の物流サービスや物流コストは、近い将来、維持できなくなると危惧しております。

現状の物流サービスや取引条件は、当日受注したものを当日作業し、夕方に運送会社に渡して翌日の午前中に納品するといったものが一般的だと思います。このために、受注（出荷）見込み分のトラックや作業員を、予測して事前に手配しています。見込み通りの受注数（出荷量）であれば良いのですが、予測は外れることも多いため、トラックや作業員の過不足が生じます。

これを、当日受注したものを翌日に作業・出荷し、翌々日

の午前中に納品にすることで、受注が確定した物量のトラック台数と作業員の手配ができるようになります。見込みで手配するのではなく、確定した物量に応じたトラック、作業員を手配するため無駄が省け、労働力不足の対応が可能で、物流コストの削減にもなります。

ドライバーや作業員の不足により納品できなくなると、商取引が成立しなくなります。これからの時代、物流サービスで競争するのではなく、安定的な納品による経済活動の安定化が重要と思われます。もし、高度な物流サービスを自社の売りにするのであれば、それ相当の物流コスト負担が必要となります。

これらの問題を解決するためには、製造業・卸売業・小売業、そして国民の協力が不可欠です。

参考文献

公益社団法人鉄道貨物協会『平成30年度　本部委員会報告書』（２０１９年５月）。

「ホワイト物流」推進運動ポータルサイト。

図表　翌日納品から翌々日納品へ

【現状】

N	→	N＋1
13：00　受注締切 13：30　庫内作業開始 17：00　庫内作業終了 17：30　運送会社引渡	→	午前中　納品

※作業員，トラックは見込数で手配

【近未来】

N	→	N＋1	→	N＋2
17：00　受注締切 13：30　庫内作業開始 17：00　庫内作業終了 17：30　運送会社引渡	→	09：30　庫内作業開始 17：00　庫内作業終了 17：30　運送会社引渡	→	午前中　納品

※作業員，トラックは確定数で手配

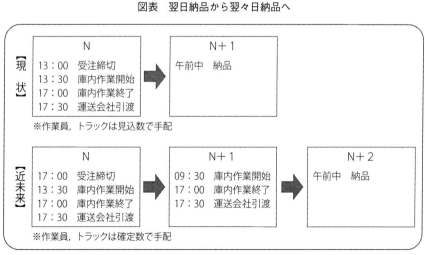

3 グリーン物流とBCP

CO_2や包装材削減（グリーン物流）、災害時の供給

本項では、「物流コスト」とは直接関係がないと思われるかもしれない環境負荷軽減とＢＣＰ（事業継続計画）について説明します。環境負荷軽減も供給責任も、ＳＤＧｓ（持続可能な開発目標）に関係します。

まず、物流と環境負荷軽減の関係から説明します。我が国の二酸化炭素（CO_2）排出量のうち、運輸部門（含む旅客輸送、自家用乗用車）の排出量は約18％を占めています。運輸部門とあると、「運送会社のトラック」から排出されたものと思われがちですが、運送会社は製造業・卸売業・小売業等の荷主の貨物を輸送しているのですから、荷主にも排出責任があります。また、荷主にも納品のための自家用のトラック、ライトバン等があり、それらからのCO_2排出もあります。地球温暖化防止のためには、荷主・物流事業者も含めて、物流からのCO_2排出量の削減への取り組みが必要です。

物流事業者が主体となるCO_2排出量削減の取り組みには、エコドライブの実施、低公害車の導入、積載効率の向上などが挙げられます。

荷主企業が主体となる運輸部門のCO_2排出量削減の取り組みには、他の荷主企業との共同配送の促進、トラック輸送から船舶輸送や鉄道輸送への転換（モーダルシフト）などが挙げられます。共同配送やモーダルシフトを実現するには、荷主企業の物流部門だけでなく営業部門など社内の他の部署や、取引先や同業他社との調整も必要になってきます。

CO_2の排出量だけでなく、包装材等の廃棄の削減も重要です。輸送や保管のために必要な段ボールやプラスティック・コンテナ等の包装を、「外装」「輸送包装」と言います。商品を傷つけないよう、また、輸送や保管の作業をしやすいように必要な包装ですが、その役割を終えたとたんに不要なモノになってしまいます。段ボール等の包装材等の廃棄の削減には3Ｒ（リデュース・リユース・リサイクル）が有効です。

環境負荷軽減というと、コストアップの要因と思われるかもしれません。しかしながら、物流においては、無駄を省くこと

でCO_2や包装材廃棄の排出量の削減が可能です。エコロジーとエコノミーの両立が可能です。以上のことから、物流における環境負荷軽減は、物流サービスの一環と言えるでしょう。

つぎは物流と供給責任の関係について説明します。近年、世界中で大規模な自然災害が発生しています。日本も例外ではなく、台風や豪雨、地震などによる自然災害が発生しています。自然災害発生直後には、被災地に救援物資の補給が必要です。日本では東日本大震災の経験を活かし、被災直後の救援物資の補給は「政府主導のプッシュ型支援」が定着しつつあります（プッシュ型支援とは、国が被災都道府県からの具体的な要請を待たないで、避難所避難者への支援を中心に必要不可欠と見込まれる物資を調達し、被災地に物資を緊急輸送すること）。被災直後の救援物資の補給だけでなく、ある程度の復旧後において、市民生活がおくれるように、食品や日用雑貨、医薬品などの生活必需品の供給も必要です。

もう1つ、供給責任で大事なことがあります。東日本大震災後に、日本だけでなく、アメリカや中国の自動車工場が操業停止したことをご記憶でしょうか。東北地方のある自動車部品工場が被災で部品の供給ができず、自動車生産のサプライチェーン（供給連鎖）が断絶してしまいました。

供給責任を果たすために、ＢＣＰの視点からも、生産拠点や在庫拠点の分散、商品や部品、原材料や包装材等のサプライヤーの分散も必要です。もう1つ、重要なことは、物流会社との信頼関係の構築です。日頃は物流コスト削減のために物流会社に厳しい単価交渉をしていたり、あるいは契約にない付帯業務をさせていたり、納品や出荷のために物流センター等で長時間待機させている荷主はご注意ください。非常事態のとき、そのような荷主に対して、物流会社が全力で協力してくれるとは思えません。「この荷主のためだったら、我々も努力を惜しまない」というような信頼関係を構築しておかないと、災害発生後などの対応に大きな差が出てきます。

環境負荷軽減と供給責任、ＢＣＰやＳＤＧｓの視点からも、荷主と物流会社の協力と信頼関係は、とても重要です。荷主企業におかれましては、物流会社に値下げの要求をするのではなく、パートナーシップの構築に取り組んでいただければと思います。

【環境負荷軽減】
①CO_2削減：エコドライブ、共同配送、モーダルシフトなど
②包装材削減：リデュース（包装材の削減）、リユース（再使用）、リサイクル（再生利用）
【供給責任・ＢＣＰ】
①生産拠点・在庫拠点、調達先の分散
②物流会社／協力会社との信頼関係構築

4 物流を継続するための標準化の必要性

2つの標準化で物流の合理化を目指す

労働人口の減少による人手不足、安全や労働、環境に対する各種規制の強化により、多くの物流関係者が、現状の物流サービスや物流コストは、近い将来、維持できなくなると危惧しております。物流会社やトラックドライバーの頑張りだけでは、もはや解決できない状況です。

本節第2項で説明した「物流サービス、物流品質の見直し」をすることなく、今後も社会生活を守るため物流を維持し、物流コストを低減するには、次の4つのアプローチが必要かと筆者は考えております。

1. 標準化（規格等の標準化、誰にでも出来るようにする）
2. 平準化（物流波動をできるだけ小さくする）
3. 共同化、シェアリングロジスティクス
4. 省力化（IT化、自動化、機械化、ムダの削減など）

本項では、特に、「標準化」について説明したいと思います。標準化には2つの意味があります。1つは規格、仕様、表示等を統一することです。例えば、パレットや段ボールのサイズを業界ごとに統一するなどです。そのことにより、発地（工場）から着地（店舗）まで、一貫して同一のパレットに貨物を積載したまま物流を行う「一貫パレチゼーション」（左図参照）が可能になります。大型トラックでは、パレットで16枚分の貨物を積載できます。段ボールでは、大きさにもよりますが、600～1,000ケースくらいです。フォークリフトを使ってのパレット荷役では、積み込み、積み降しは、それぞれ30分間程度です。しかし、パレット荷役ではなく、段ボールのバラ積み、バラ降しをすると、それぞれ2～3時間程度かかります。人手不足のトラックドライバーが、積み込み積み降しに各2～3時間、一運行に合計4～6時間の荷役作業時間を使用するのは、無駄なことだと思います。トラックドライバーが運転に専念するためには、パレット荷役が必要になってきます。

一貫パレチゼーションを実現するために、「包装モジュー

ル」も重要です。包装モジュールとは、図のように、外装の段ボールやプラスティックコンテナの大きさは、パレットの寸法を整数分割して決めます。

また、段ボールの外装表示、納品書の使用なども業界ごとに統一するのも物流の検品作業や入荷の事務処理の効率化に繋がります。

標準化のもう1つの意味は、「誰にでも出来るようにする」ということです。ベテラン社員だけではなく、新人でも即戦力になるように、業務を単純化するとともに、マニュアル等を整備して、誰でも出来るようにするということです。ファストフードのアルバイトをイメージするとわかりやすいと思います。

物流の「平準化」とは、出荷の波動をできるだけ小さくすることです。営業部門が売上を確保するために押し込みで販売すると、一時的に出荷量が増え、その後は反動で出荷量が減少し、出荷の波動が大きくなります。波動が大きくなると、その分、トラックの台数や作業員の増減も大きくなるため、物流コストは上昇します。

「共同化」とは、共同配送や在庫拠点の共同化など、同業他社や異業種と物流を共同化することにより、納品車両を削減したり、出荷や作業の波動を抑制することに繋がります。

「省力化」とは、IT化、自動化、機械化、ムダの削減などで、できるだけ投入する経営資源を少なくすることです。今後は、物流ロボットの開発やAIの活用などにより、多いに期待できる分野です。

図表　一貫パレチゼーションのイメージ図

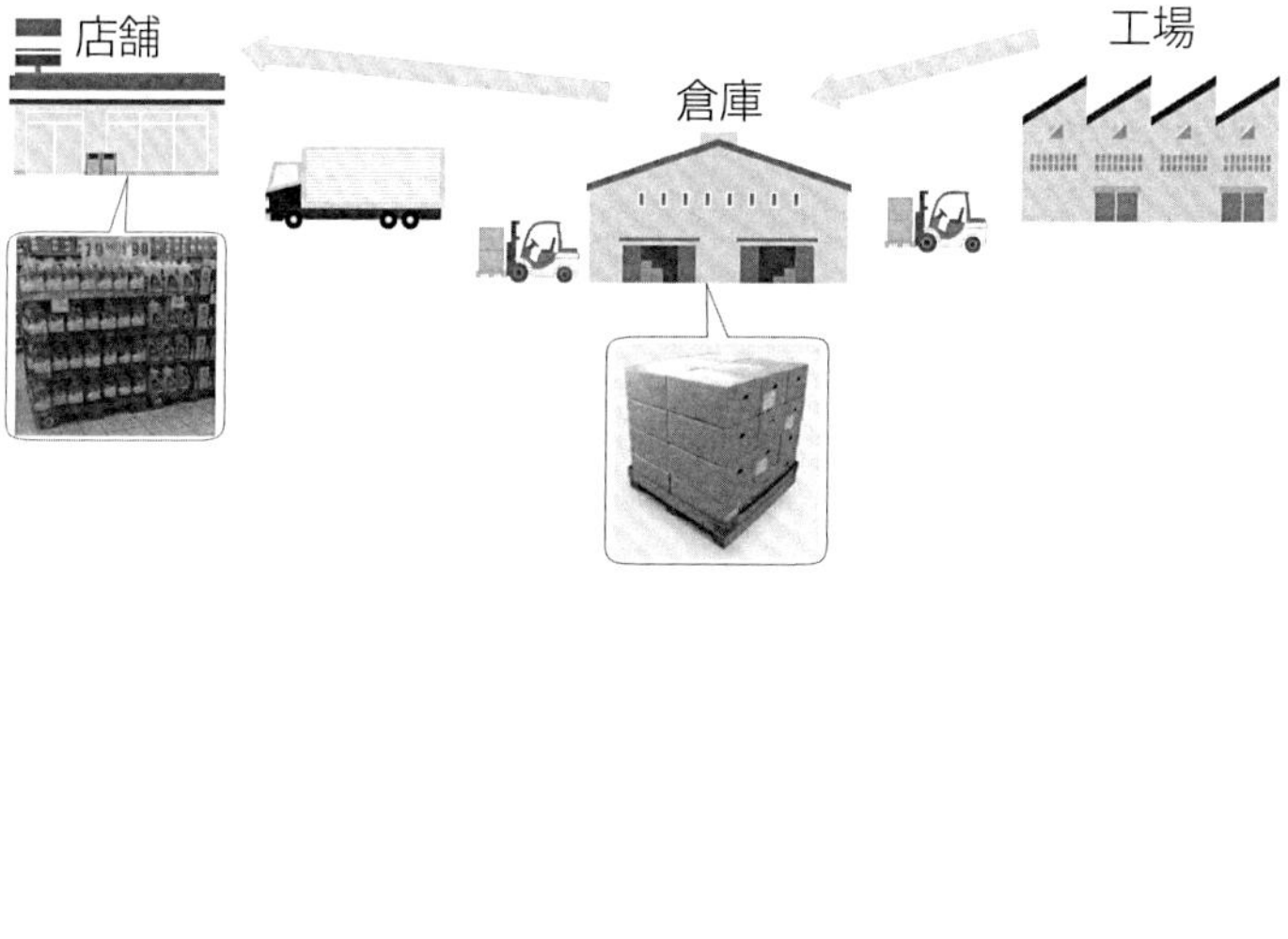

自社化により輸出コストを4割削減！

(株)大潟村あきたこまち生産者協会

輸送費など物流機能単独でコスト削減できる時代は終わりました。パートナーとの関係構築により、輸出に関係するトータルコスト削減と品質向上を同時に実現した事例をご紹介します。

株式会社大潟村あきたこまち生産者協会（以下、協会）は、1987年に設立された米とその加工品等を販売する通販事業者です。大潟村の農家が「自分たちが栽培した米を消費者に直接届けたい」との想いで設立された米の産直のパイオニアで、最近は日本だけでなく海外の消費者へも販路を拡大しています。

協会では約10年前から海外市場への進出を模索してきましたが、商社や代理店に委託すると物流費を含んだ輸出関連の経費がかさみ、競争力のある価格で商品を販売できずに伸び悩んでいました。さらに、お米の流通には定温での温度管理が必要であることに加え、精米後は時間の経過とともに品質が劣化するため、サプライチェーン全体にわたり高い管理レベルが必要とされます。

そこで、協会は商社にサプライチェーン全体を丸投げするのではなく、輸出国での在庫および品質管理をお願いできるパートナー企業および、輸出関連業務を委託する物流企業（＝佐川急便）と直接契約することにしました。協会がサプライチェーン全体を自らコントロールすることにしたのです。当然、輸出関連の書類作成など一部の業務は追加で発生するものの、仲介手数料の削減によるコストダウンを優先しました。また、冷蔵コンテナによる工場からの一貫輸送体制を取ることにより、品質向上の効果も同時に実現しました。

この取り組みは台湾向けからスタートしており、あきたこまちの玄米や白米に加えパックご飯等の関連商品を積み合わせ、冷蔵コンテナで輸出しています。台湾では協会が自ら借りた冷蔵倉庫に商品を自社の在庫として所有し、精米を含めた在庫管理は現地のパートナー企業に委託しています。現地の量販店や日本食レストラン等から注文が入ると、現地パートナーの協力により精米したての美味しいお米をお届けできる仕組みです。

通常、コスト削減と品質向上はトレードオフの関係にありますが、この事例の特筆すべき点は、これらを同時に実現している点です。海外はよくわからないので全て商社にお任せする企業も多いですし、専門家のノウハウの活用や手間がかからないなどメリットもちろんあります。しかし、この事例では、安易に全てを丸投げしてしまうのではなく、出来るところは自分で行うことによりコストダウンと品質向上を同時に実現しています。物流はアウトソーシング比率が高い分野ではありますが、どの部分を誰にアウトソーシングするかがポイントなのです。今回の事例はサプライチェーン全体の管理を自ら行い、適切なパートナーに業務を委託している点が成功の要因だと考えられます。輸出全般を担う佐川急便と現地の在庫管理および販売を担う代理店の起用の仕方が絶妙です。

さらにこのモデルは地元企業の海外市場進出のためのプラットフォームとしての利用も始まろうとしており、協会だけでなく地域全体の夢も背負って、さらなる発展が期待されています。輸送や保管などプロセス単体ではコストダウンが難しい時代だからこそ、アウトソーシングしている業務でブラックボックスとなっている部分があれば、是非改革の余地がないか検討してみることをお勧めします。

図表　あきたこまち生産者協会の輸出ルート

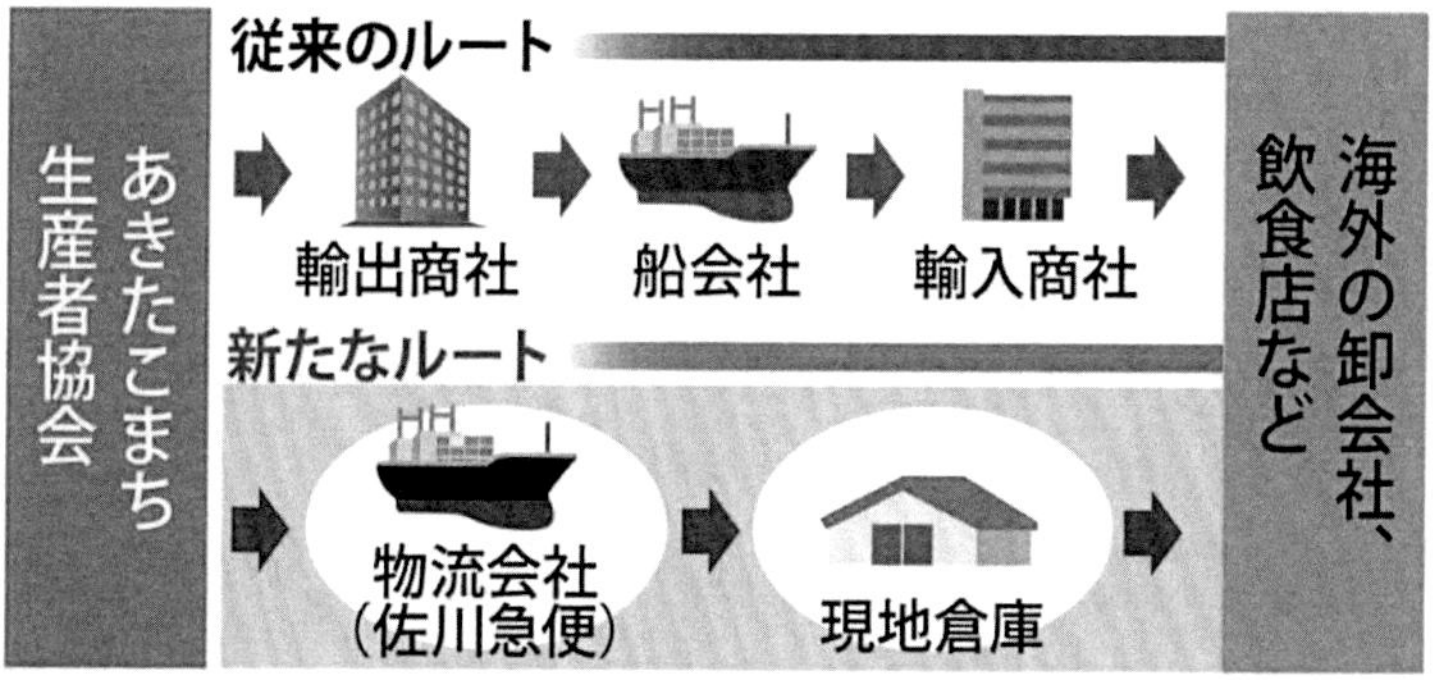

出所：(株)大潟村あきたこまち生産者協会。

共同配送で輸送費削減
(大阪アパレル物流協議会)

大阪アパレル物流協議会(以下 OAP、大阪・小谷淳会長)は、関西のアパレル・メーカーや、アパレル物流を担う物流会社やIT企業などから構成されている団体です。目的は、「繊維製品を主として営む会員企業が相互の連携を図り、物流に関する問題研究・改善に努め業界発展に寄与する。」ことです。その前身は、1964年の納品共同配送を実施した「センイ物流研究会」で、1978年には大阪アパレル物流連絡会が発足し、2003年に現在の名称になりました。

OAPは、これまで、納品伝票や納品ハンガーの統一など、アパレル物流の効率化、標準化に取り組んでおられます。また、消費税増税時には値札の仕様書の改訂情報を会員企業で共有化して対応するなど、会員企業だけでなく納品先からも高い評価を得られる活動をされています。本項では、OAPの量販店向けの共同配送の事例を紹介します。

OAPの量販店向けの共同配送は2000年からスタートしました。この共同配送の参加企業は、26センター(22社)で、取扱商品は、インナー、アウター、靴下、ベルト、ネクタイ、ハンカチ、バッグ、寝具などです。対象地域は、関西、中四国、北九州、中部、北陸で、納品先は32センター(21社)です。年間の取扱量は約80万個です。(数値は2019年度実績)

この共同配送の物流コスト削減のメリットを紹介します。まず1点目は、納品のための輸配送費の削減です。参加企業の出荷量により、輸配送費の削減効果は異なりますが、各社が個別に路線便による納品をした場合と比較して、1ケースあたりの運賃は、約10~50%程度の削減効果が出ています。また、出荷時の路線便送り状の作成や添付の作業が軽減されることもあり、物流センターでの作業負荷軽減によるコストダウンも見込まれます。

OAPの共同配送を担う扇町運送(大阪・成田暢行社長)では、各社から集荷したケースを納品先の各量販店向けに仕分けする作業に自動仕分けシステム(特許取得)を導入し、効率化を進めています。

共同配送のメリットは供給側だけでなく、納品先の量販店の物流センターにもあります。納品車両（トラック）が集約されるため、到着側の物流センターの荷受けや検品業務が効率化されます。

また、共同配送のメリットは、運賃や作業費の削減といった物流コスト面だけではありません。共同配送の実施前は各社が個別に路線便等で納品していたこともあり、一日あたり約１２５台のトラックが必要でした。共同配送実施後は、半分の62台程度になりました。CO_2の排出量が半減でき、かつ、トラックドライバー不足の対策にもなっています。出荷側と荷受側の物流センターの効率化により、庫内作業が効率化できていることも人手不足の対応になっています。

物流コスト削減、人手不足対応と環境負荷軽減を実現する共同配送は、今後、ますます注目されると思います。皆さんの会社、業界でも、取り組まれてはいかがでしょうか？

参考文献

浜崎章洋・藤原廣三・新谷眞瑜・平戸幸男・成田暢行「チェーンストア向けアパレル共同配送の取り組み―大阪アパレル物流協議会（ＯＡＰ）の事例―」『日本物流学会誌』第24号（２０１６年５月）。

大阪アパレル物流協議会ホームページ。

図表　OAP 共同配送のイメージ図

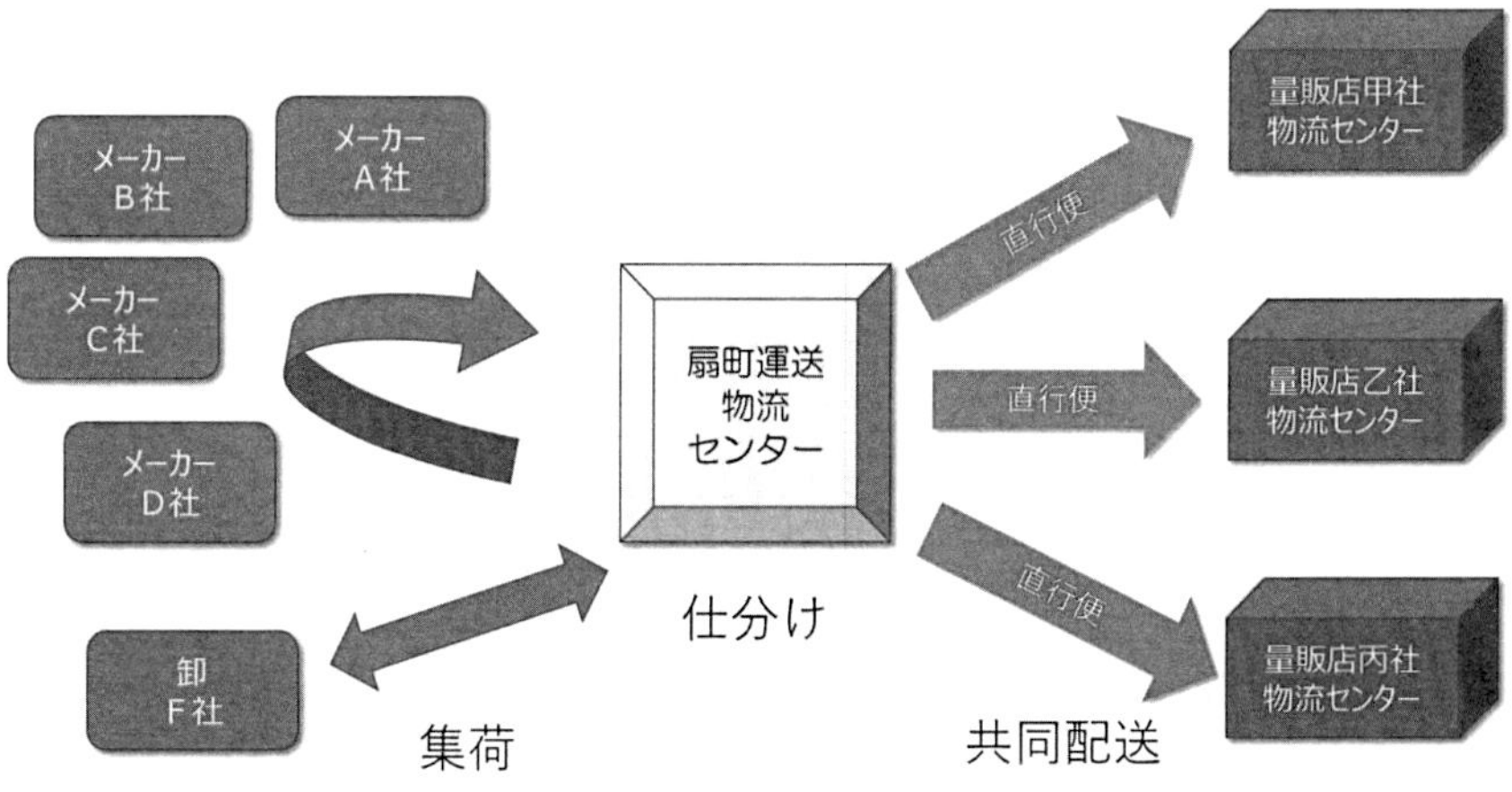

この章のまとめ

1 物流コストは販売物流費だけではありません。サプライチェーン全体では、多くの物流コストが発生しています。

2 物流コストを正確に管理することは、物流コスト削減だけでなく、取引先や社員の評価、物流サービスレベルの判断にも役立ちます。

3 在庫維持コストは経営に大きなインパクトを与えています。また、在庫の適正化により、キャッシュフローの改善などが見込めます。

4 物流への投資は、ROA等の経営管理指標にも影響を与え、中長期の経営戦略にも関係する重要事項です。

5 物流サービス、事業継続計画（BCP）やSDGsの視点からも物流コストを意識する必要があります。

第4章

物流コスト算定・管理の実際

【この章のねらい】

第４章は，物流コスト算定・管理の具体的な手順を理解して頂くことを目的とし，そのために必要な知識，技法等を紹介していきます。会計手法などやや細かい技術的内容も紹介しますが，これは，物流コスト管理を導入する実務担当者が導入の手引きとして利用することを想定しているためです。

第１節では，物流コスト算定が会計の中でどのように位置づけられるか，算定ルールとしてどのようなものがあるか，などについて紹介します。第2節では，物流コスト算定の具体的な手順を，ステップごとに整理して紹介します。第３節では，算定された物流コストを利用して行う「コスト管理」について，主要な手法を紹介します。

末尾のコラムでは，３節で学んだ物流コスト算定手法の理解を深めていただくため，物流コスト算定のケーススタディを紹介します。

第1節 物流コスト算定・管理の概要

1 管理会計と財務会計

管理会計としての物流コスト管理とは

物流コスト管理は、ロジスティクス工学、経営工学、会計学などの融合領域ですが、中でも会計学との関連が重要です。

具体的に言えば、決算書や会計帳簿類は物流コストを算定する際の主なデータソースとなります。また、物流コストの管理にも、一般的な会計的手法が多用されます。よって、物流コスト管理に当たっては会計の基礎的なリテラシーが求められます。

そこで本項から数項にわたっては、物流コストの算定・管理に特に重要と思われる、基礎的な会計知識についてご紹介したいと思います。

まず、物流コストの会計上の位置づけについてです。会計学は大きくは2つの分野に分かれます。

1つは「財務会計」で、もう1つは「管理会計」です(図表)。「財務会計」は「制度会計」とも呼ばれる会計の一分野です。これは、決算書の作成を中心に、各種会計報告、税務申告等を行うため、制度的なルールに従って実施されるものです(なお、税務申告を目的とするものを「税務会計」として分け、3つに分類することもあります)。

財務会計の基本的な特徴は、「企業外部のステークホルダー向けの情報開示を目的とする」と言うことです。ここで言うステークホルダーとは、与信を行う金融機関、投資家、金融当局などです。ステークホルダーに開示された情報は、株価形成や与信管理に利用されますので、各社独自のルールで算定されたものであってはなりません。一般的に公正妥当と認められる、パブリックなルールに従うことが必要です(これを「公正なる会計慣行」と言います)。

一方、「管理会計」はその逆で、原則的に自社の内部向け管理を目的とするものです。

自社で使われている会計データを思い浮かべていただきたいですが、企業内部で実務的に使われているデータには、実は内部向け管理を目的とするものが少なくありません。

例えば、営業部門では、「売上達成目標」などの数値を利用しているでしょう。また、事業部単位の採算・原価計算を行っている企業も多いですが、この場合も、算定は基本的に自社独自ルールで行います。さらに言えば、物流センターを建設するといった投資判断をする場合にも、投資回収期間といった会計データが使われますが、これも、各社が独自に工夫して作成している場合が大半です。

以上挙げた会計データは、いずれも原則的には外部への公表を前提としたものではありません。従って、管理会計の領域のものと言えます。そして、管理会計の領域では、各社独自の会計ルールを採用することができるのです。

さて、では物流コスト管理は、このどちらに該当するでしょうか。

この答えは言うまでもなく、「管理会計」です。日本では、物流コストをステークホルダーへ開示する義務はありません。従って、物流コスト管理の目的は主として、自社の内部管理向けということになります。

物流コストが管理会計であるということは、算定の範囲・レベルなどはあくまで自社の必要性に応じて決定すれば良いということです。この点は、物流コスト管理のポイントの1つでもありますので、改めて確認していただきたいと思います。

図表　財務会計と管理会計の違い

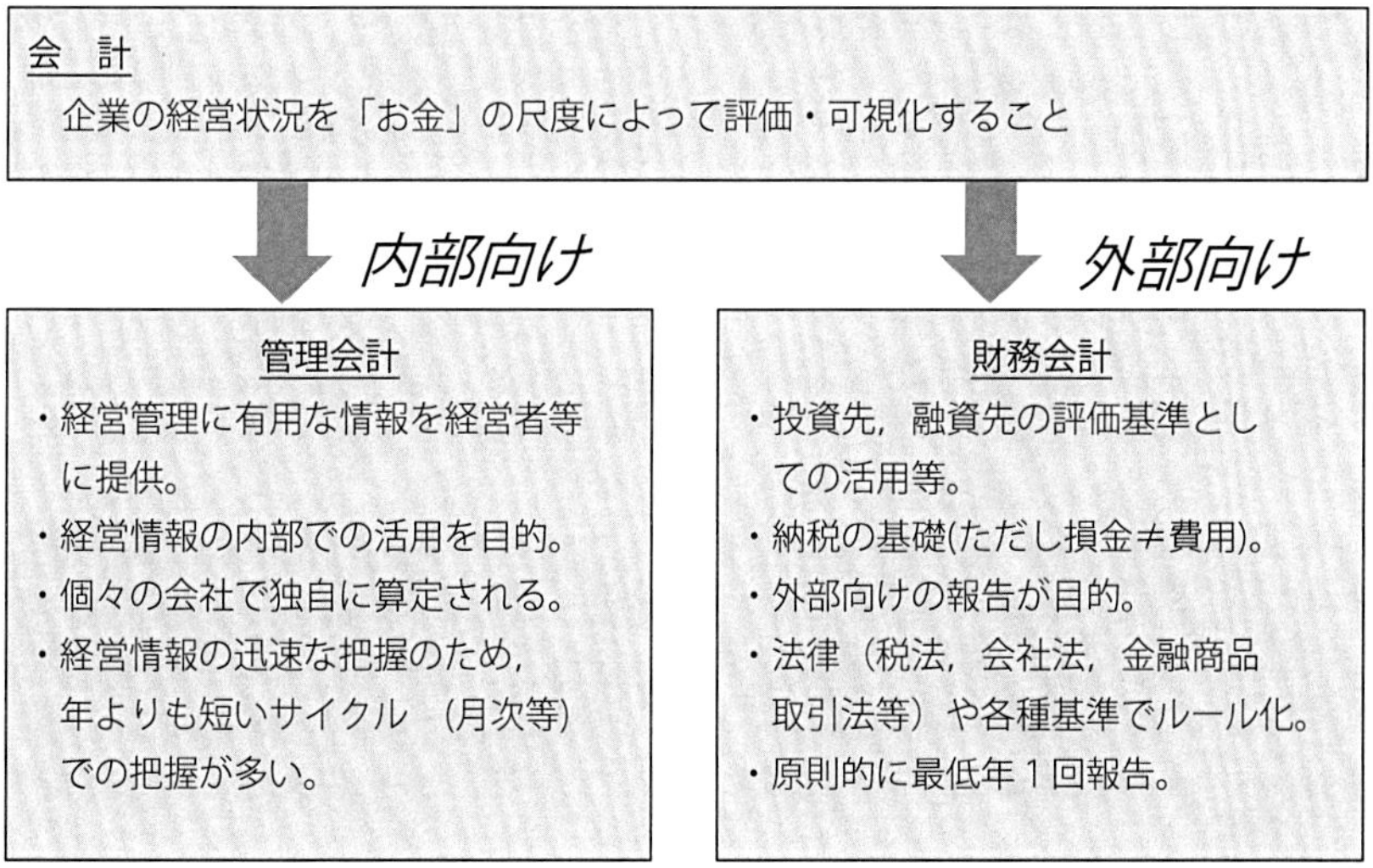

会　計
企業の経営状況を「お金」の尺度によって評価・可視化すること
内部向け
外部向け
管理会計
・経営管理に有用な情報を経営者等に提供。
・経営情報の内部での活用を目的。
・個々の会社で独自に算定される。
・経営情報の迅速な把握のため，年よりも短いサイクル（月次等）での把握が多い。
財務会計
・投資先，融資先の評価基準としての活用等。
・納税の基礎(ただし損金≠費用)。
・外部向けの報告が目的。
・法律（税法，会社法，金融商品取引法等）や各種基準でルール化。
・原則的に最低年１回報告。

2 財務データの構造と物流コスト算定

B／S、P／Lなどの関連とその背後にあるデータ

前項に続いて物流コスト算定・管理に必要な会計知識について取り上げます。具体的には、物流コスト算定に利用可能な財務会計データの種類についてご紹介します。

物流コストの算定にはいろいろな手法がありますが、どのような手法を採用するにせよ、財務会計データを利用することになります。その意味で、会計データの構造を理解しておくことが必要です。

会計データの代表格と言えば、損益計算書（P／L）、貸借対照表（B／S）、キャッシュフロー計算書という、いわゆる「財務三表」でしょう。このうち収益と費用（と原価）を扱うのがP／Lです。従って、物流コスト算定に最も関係が深いのはP／Lということになります。

では、P／Lのデータをそのまま物流コスト算定に利用できるかと言えば、それは不可能です。一般的にはP／Lは物流コスト算定には向かない方法で集計・計上されており、そのままでは物流コスト算定には利用できません。そのため、物流コスト算定のためには、財務三表の作成過程で利用される各種財務データに遡って、データの抽出を行うことが必要です。

さて、基本的に会計データは、「日々の取引の記録」「帳簿の作成」「決算処理」という3段階のプロセスを経て処理されます。決算処理のアウトプットが、財務三表ということになります（図表）。

仮に、すべての物流コストが、「荷造運賃」といった1つの勘定科目に計上されている場合には、決算処理の過程で作成される「試算表」などを見ることで、物流コストを把握することができるでしょう。例えば、特定の物流会社にすべての業務を委託しているような会社では、このパターンに該当するかもしれません。

しかし、やはりこのようなケースは例外的で、勘定科目レベルでは判断できない方が普通です。

例えば外部倉庫を借りている場合に、倉庫の賃借料が計上

されますが、会計データ上、他の賃借料（コピー機のリース料など）と合算されて計上されるのが一般的でしょう。

このような場合は、日々の「取引の記録」に遡ってデータの内容を確認することが必要になります。

皆さんご承知の通り、現代の企業会計では、振替伝票などを使った「伝票式会計」が主流となっています。

伝票を入力する際には、支払先の会社名や支払の目的などを付記するのが一般的です。従って、例えば物流会社に毎月定期的に支払う配送費などのような費用は、伝票データに記載された物流会社名から、内容を判別できるでしょう。

しかし一般的に言えば、この段階でも費用の判別が難しいケースが少なくありません。例えばリース料の場合、支払先のリース会社名だけが書かれていたとしても、何の費用なのかハッキリしません。このようなケースでは、伝票を入力する元となっている請求書など（の原票）を確認するしかありません。

物流コストのデータを把握するには、このように、会計データを源流に向かって遡る作業が必要となります。

物流コストの担当者としては、このような会計データ構造を理解したうえで、手戻りのないように効率的・計画的に物流コストデータを集めることが必要です。

図表　企業における一般的な会計データの構造

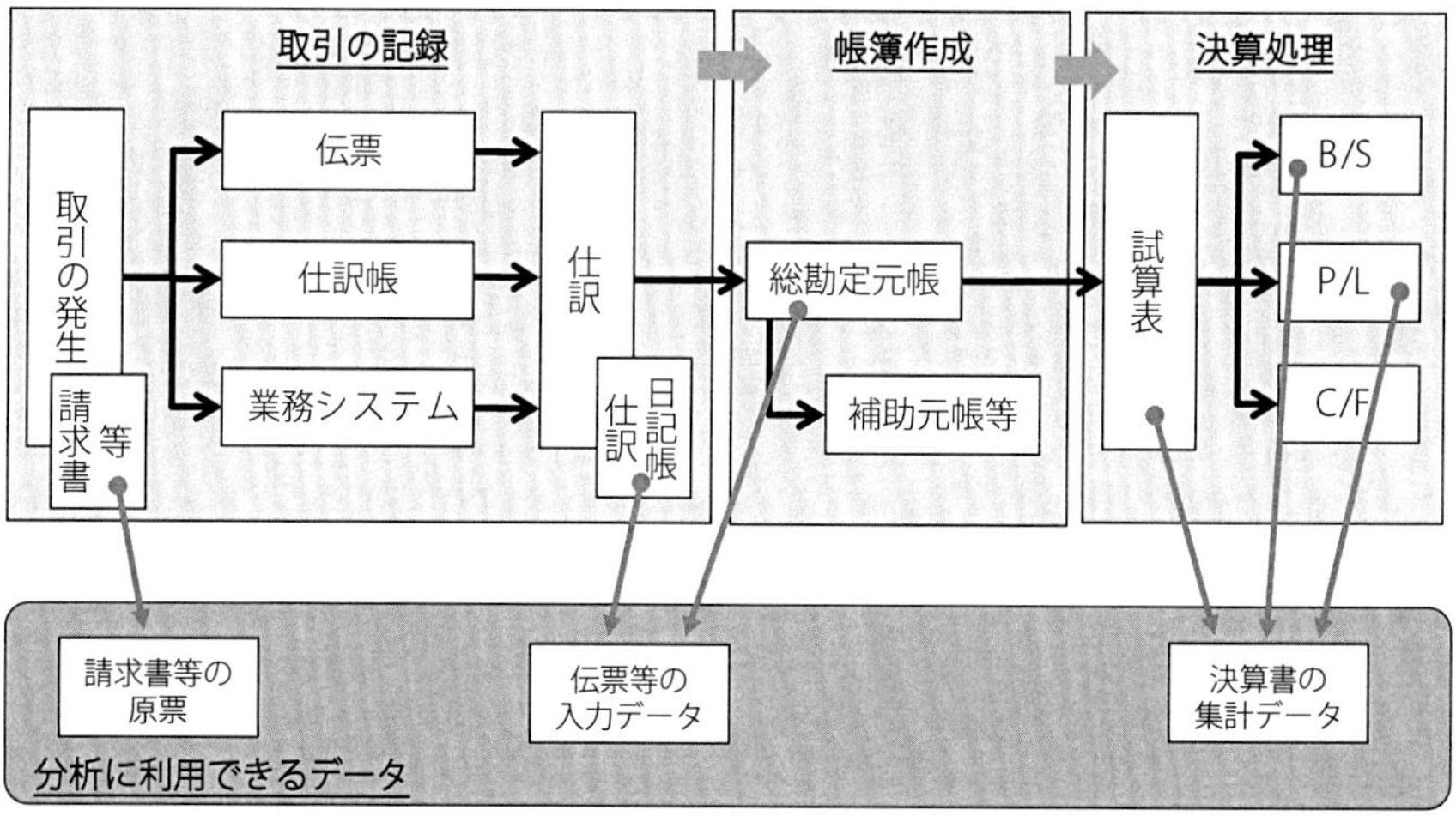

3 財務諸表の構造と物流コストの関連（1）

製造業の物流コストを例に

物流コストの元データは、財務会計から入手するのが基本となります（詳しくは前項をご覧下さい）。その際、膨大な会計データの中から闇雲に探すのは非効率ですので、会計データのどこに物流コストが含まれるか、という勘所を持っておくと良いでしょう。

そこで、ここでは製造業を例に、損益計算書（P／L）上、主にどのような科目に物流コストが含まれているかを見ていきたいと思います。

（1）製造原価に含まれる物流コスト

製造業の場合、売上原価は、製造原価のうち当期に販売された製品に相当する分を計上します。そしてその製造原価は、「製造原価明細書（製造原価報告書）」として作成され、P／Lに添付される決まりになっています。

製造原価の計算方法については「原価計算基準」などのルールが存在します。そのため、費用（原価）の分類方法は、概ねどの会社も同じで、具体的には、「材料費」「労務費」「経費」などに分類されるのが一般的です。そしてこの中にそれぞれ物流コストが含まれています。

○材料費

材料費にも物流コストが含まれる場合があります。代表的なものは、調達輸送費です。

原材料を購入するときに輸送費が発生します。この場合の輸送費は、原材料の売価と合算して請求されるケースがあります。その場合、調達輸送費は原材料費の中に紛れ込んでしまうことになります。

このような場合に調達輸送費を正確に把握するのは困難ですので、軽微な輸送費の場合は無視するしかありません。ただし、このような問題があるということは認識しておくべきでしょう。

○労務費

労務費は基本的には製造に従事する人件費です。ただし実態上は、工場内の倉庫で荷役作業に従事するフォークリフトオペレーターや、梱包作業に従事する作業者など、製造と直接結びつかないものが含まれている事があります（注1）。特に、工場と倉庫が一体的に運用される傾向のある食品製造業などでは、無視できない金額に上ることがあり得ます。

○経　費

製造原価の中の「経費」にも、外注作業費や運賃等の物流コストが含まれます。

ここでは、①工場から在庫拠点への輸送費と、②工場から顧客へ直送する場合の輸送費を考えてみましょう。なお、物流コスト算定の観点で言えば、いずれも物流コストであることは言うまでもありません。

さて①は、製造に付随する費用として認識できる場合には、製造原価に算入することができます。よって、経費の中に含まれている可能性があります。一方、②は販売活動の一環ですから、本来は販管費に計上するのが妥当だと考えられます。しかし、直送の場合だけ運賃を別計上するというのは手間ですので、区分されずに原価計上されている場合があります。

経費に関してはもう1点注意すべき点があります。

工場の中では上記の他にも様々な「物流」が発生しています。例えば「工場内の工程間搬送」などです。このような、生産工程上で発生する物流のことを「生産物流」と呼ぶのですが、生産物流のコストは物流コストには含めないのが原則です。なぜなら、生産物流は、「モノづくり」を主目的とした機能ですので、物流コストに含めるのは不適当だからです。そのため、製造原価の中に物流会社に委託している経費が含まれていたとしても、すべてが物流コストとは限りません。生産物流コストが含まれていないか、注意が必要です。

なお、以上の原価項目すべてに言えることですが、生産リードタイムが長い製品では、原価が発生した期と、P／Lに計上される期とでズレが生じます。製造原価明細書に記載されたコストの金額がすべて、当期のコストという訳ではありません。このような「期ズレ」の問題も留意が必要です。

【注】

（1）以上の説明はあくまで便宜的なものであり、法人税法の解釈通達等によると、ルール上も物流関連の労務費や経費を含めることが出来ないわけではありませんが、詳細は割愛します。

図表　損益計算書の各費目に含まれる物流コストのイメージ

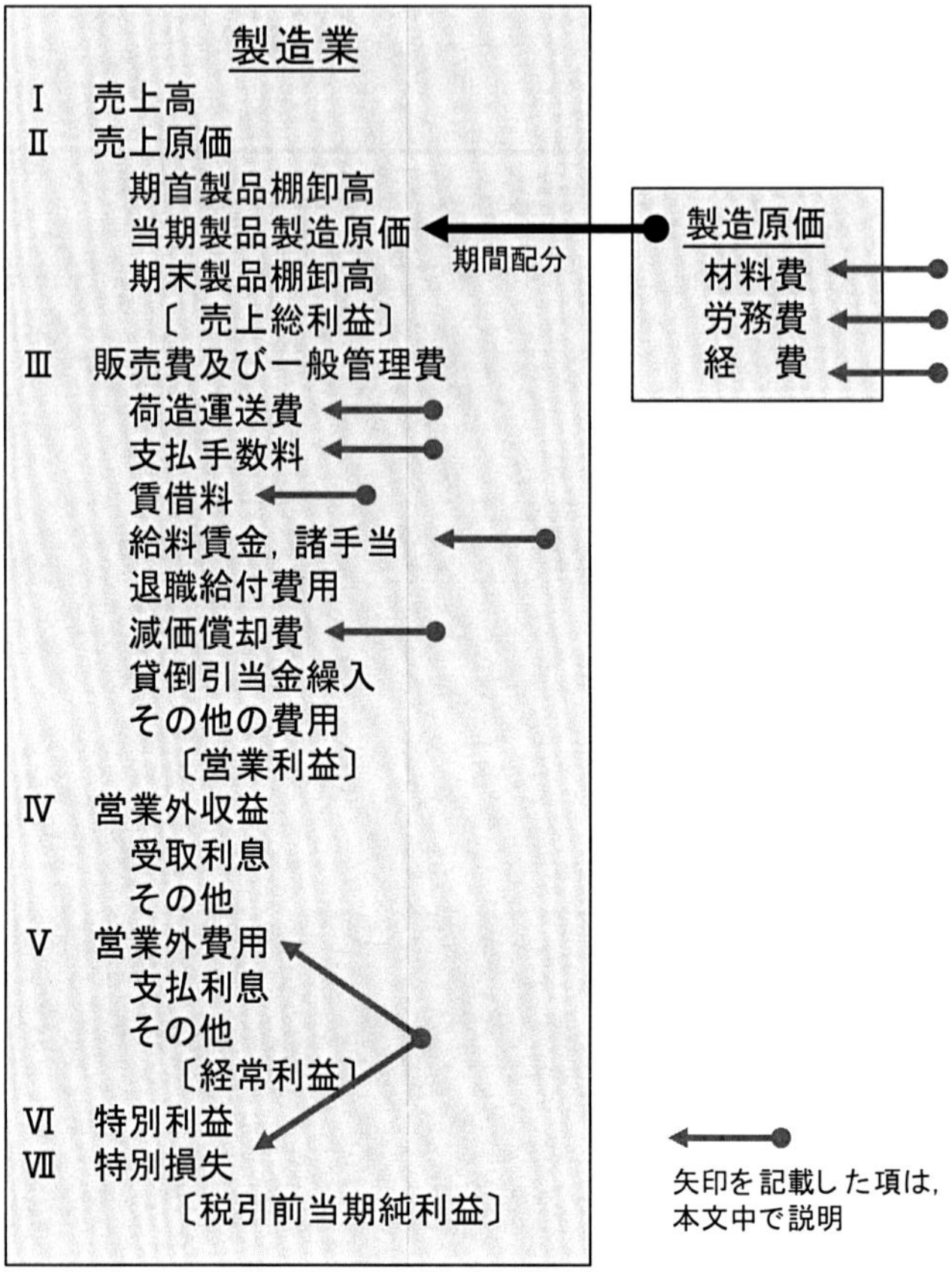

注：費目等はあくまで一例である。また，上記が物流コストのすべてではない。

4 財務諸表の構造と物流コストの関連（2）

製造業の物流コストを例に

前項に引き続き、製造業の損益計算書（P／L）と物流コストとの関係を見ていきましょう。

（1）販管費に含まれる物流コスト

P／Lを上から見ていくと、売上原価の次に出てくる項目が販売費及び一般管理費（販管費）です。

販売費は文字通り「販売に関して発生した費用」ですが、通常、製品の販売には物流が伴いますので、販管費中には多くの物流コストが含まれることになります。

なお、販管費の分類方法は厳格な基準はないため（注1）、科目の立て方は会社によってかなり異なります。そのため一般化は難しいのですが、以下ではよく挙げられる科目（注2）を前提として説明することにします。

○荷造運送費

販管費に含まれる輸送費は「荷造運送費」といった科目名で計上されます。一般的に、物流コストの大半は輸送費であり、輸送費の大半は販売輸送費です。よってこの科目に計上される費用は、物流コストの主要な部分を占めると考えられます。ただしここには、製造原価に含まれる輸送費など、物流コストの重要なものが含まれないことにも注意が必要です。

○支払手数料

物流コストは、手数料の形態で支払われているものもあります。その代表格はセンターフィーです。

センターフィーとは、納品先（小売業など）の物流センターを利用するベンダー（納品業者）が、「物流センターの利用料」を名目として支払う費用です。そして、実態として物流センターの利用料として支払っているのであれば、名目が支払手数料であっても、物流コストと認識することが妥当です（注3）。

なお、近年は主として税務上の理由から、センターフィーを手数料とせず、売上から控除する会計処理が増えています（注4）。この場合、Ｐ／Ｌ上からは費用が消えてしまいますが、物流コストが発生している実態には変化がありませんので、同様の費用を計上する必要があります。

以上、センターフィーを中心に説明しましたが、手数料にはこの他にも、物流情報システム利用料なども含まれている場合があります。

○賃借料

賃借料は、多くの企業が設けている一般的な科目です。

この中には「スペースやモノなどの賃借」に関わる各種物流コストが含まれます。この対象には、車両、荷役機器なども含まれますが、代表格は、「倉庫」の賃借です。

少し専門的な話になりますが、専門の倉庫会社にモノを預ける場合は「寄託」という契約形態になり、倉庫業法の規定が適用されます。一方、不動産会社などから倉庫スペースを借りるのは「賃貸借」という別の契約形態になり、倉庫業法の対象外となります。この両者には実務上明確な違いはありませんので、いずれも物流コストと認識すべきです。

○給料賃金、諸手当、法定福利費、退職給与引当金等

これらに物流関係の人件費が含まれることは、詳しく説明するまでもないでしょう。

○減価償却費

物流関連の固定資産を保有している場合、その減価償却費も物流コストになります。対象は倉庫建物のほか、保管設備、車両、情報システムなど様々なものが挙げられます。減価償却資産の明細をもとに、物流関連のものを計上することになります。

近年、荷主企業は物流関連の固定資産を保有しない傾向にあります。そのため、大きな減価償却費は発生しないのが普通ですが、金額が大きい場合には計上方法に注意が必要です。一般的に、管理会計では財務会計と異なるルールで減価償却費を算出します。というのは、①財務会計で用いられる「法定耐用年数」が実態と大きくかい離していること、②償却に「定率法」が利用される場合、資産取得の初期に多額の費用が計上されること――、といった問題があるためです。

ここではこれ以上立ち入りませんが、減価償却費の金額的な重要度が高い場合は、以上のような算定方法の問題点について検討が必要になります。

（２）営業外費用／特別損失に含まれる物流コスト

Ｐ／Ｌで販管費の次に計上される営業外費用、特別損失と物流コストとの関連についても簡単に触れておきます。

営業外費用には金利などが計上されます。

金利も物流コストに該当する場合があります。在庫保有に伴う、いわゆる「在庫金利」がその代表です。ただし、在庫金利を含め管理会計上の金利はＰ／Ｌ上の金利とは独立して算定される場合が一般的です。この点については３−２−１項以降も参照してください。

また、特別損失には災害で被った損失などが計上されます。企業会計では、「費用性のないもの」が「損失」に分類されます。よって一般論として言えば、通常の営業活動で発生する物流コストという「費用」が、特別損失に計上されることはありません。従って通常は無視して頂いて結構ですが、実際に有価証券報告書などを見ると、物流コストとして認識できるものが特損に計上されていることがあります。特にグレーなのが、事業構造改革の文脈で、在庫評価損や在庫廃棄損を計上するケースです。在庫廃棄は、実質的には損失計上による節税を目的とするケースがあることが、その背景にあります。

以上、様々なケースを紹介してきましたが、Ｐ／Ｌ上のいろんな科目に物流コストが含まれていることがおわかりいただけるかと思います。

【注】

（１）具体的には、会社法／会社計算規則では「適当な項目に細分することができる」などとされています。

（２）同じく会社計算規則等により、Ｐ／Ｌには附属明細書を付すことが規定されています。よって、Ｐ／Ｌ本体のほか、附属明細書に記載されている場合を含めて説明します。

（３）ただし、実態として、センターフィーは取引先に対する協賛金のような性質があることも否定できません。実際のところ、センターフィーを物流コストと認識するかどうか、各社の判断が分かれているのが実態です。この点は、実態面を見て判断するしかないでしょう。

（４）以下のような例が挙げられます。
中央物産の事例　https://www.lnews.jp/2013/08/f080607.html
伊藤忠食品の事例　https://www.logi-today.com/36537

5 コスト算定の様々なレベル

物流コスト算定における簡便法の利用実態

物流コストの算定方法は、官庁（旧運輸省、旧通産省など）で様々に議論され、算定マニュアル類も整備されてきました。その議論の過程で、標準的と言って良いコスト算定の手法が確立されてきています（これについては詳しくは次節で述べます）。

このような動きに呼応して、企業での物流コスト算定も徐々に拡がってきています。筆者は、（物流に関係のないサービス業などを除き）ざっくりと言って上場企業の半分程度で物流コストが算定されていると見ています。

では、これらの企業がすべて、上述の算定マニュアルに沿ってコスト算定を行っているかと言うと、意外にそうではありません。各社が様々な簡便法で算定している、というのが実態です。

このような実態の背景には、官庁が策定した算定マニュアルが仔細にわたっており、日常業務の中で取り組むには複雑すぎるという事情があります。

物流コスト算定にどの程度の手間暇を掛けるべきか、は各社の置かれている状況によって大きく異なります。

1－1－3項で取り上げたセブン-イレブンのように、実務上の要請により、詳細なコスト算定を行っている企業があります。他方では、物流コストの重要度が低く、算定自体を必要としないような企業もあります。

後者の例として、ある半導体メーカーA社が挙げられます。A社の基幹工場では半導体の前工程を担当しています。工場は非常に巨大ですが、その出荷数量は1日あたりでは段ボール箱換算で数十ケース分に過ぎません。同社の商品は、ケースあたりの商品単価が数千万円と巨額なため、物流コスト比率は、文字通り「ほぼゼロ」です。これはやや極端な例ですが、このようなケースで、物流コストを詳細に把握する必要がないことは明白でしょう。

このように、必要な物流コスト算定のレベルは、各社の状況に応じて異なります。よって、各社で必要な管理レベルを選択し、過不足のない簡便法を用いて算定すれば良いのです。

では、具体的にはどのような簡便法があるのでしょうか。詳しくは次項で紹介しますが、簡素化の基本的方向性としては、①支払費用のみの集計とする、②その中で主要な費用を把握できる工夫をする、という2点になります。

物流コストは、外部の物流会社等に支払う「支払物流費」と、自社内部で発生する「自家物流費」に分かれます（この点は2－2－1項ですでに述べました）。特に近年は、物流アウトソーシングの傾向が強まっていますので、自家物流費の割合は年々減少しています。このような事情から、支払物流費のみの集計でも、物流コストの大半は把握できる場合が増えています。これが、上記①、②のような簡素化が受け入れられている背景の1つです。

加えて、通常、自家物流費は人件費や減価償却費など多様な費用の中に埋没しています。そのため、支払物流費と比べて集計に大きな手間がかかります。よって支払物流費のみの算定に留めることで、コスト算定の手間は大きく削減されるのです。

図表　算定の簡便法

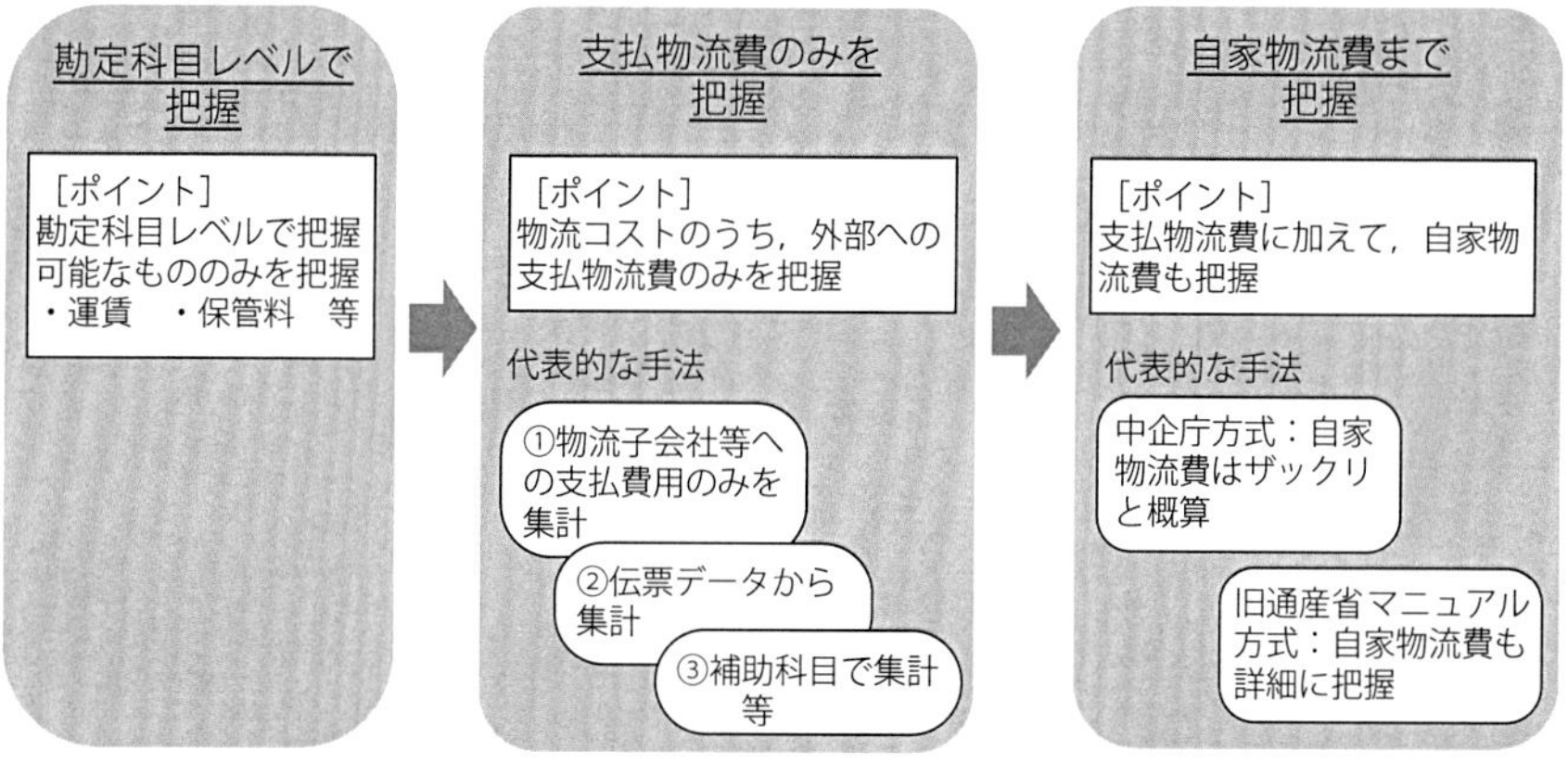
勘定科目レベルで把握
[ポイント]
勘定科目レベルで把握可能なものののみを把握
・運賃　・保管料　等
支払物流費のみを把握
[ポイント]
物流コストのうち，外部への支払物流費のみを把握
代表的な手法
①物流子会社等への支払費用のみを集計
②伝票データから集計
③補助科目で集計
等
自家物流費まで把握
[ポイント]
支払物流費に加えて，自家物流費も把握
代表的な手法
中企庁方式：自家物流費はザックリと概算
旧通産省マニュアル方式：自家物流費も詳細に把握

中小規模企業向き	大企業向き
支払物流費の割合が高く自家物流費が少ない企業向き	自家物流費の割合が高い企業向き
財務会計のデータに依存	管理会計として独立したデータを作成
コスト増減理由が分析不能／改革効果測定不能	増減理由を特定可能／改革効果を定量把握可

6 物流コスト算定の各種簡便法

実務で利用される様々な簡便法

前項では、物流コストの算定に簡便法が用いられていることを述べました。本項では具体的にどのような簡便法があるかを紹介します。

ここでは企業が実際に取り入れている様々な手法を見ていきますが、概ね、後段に行くに従って、本格的な物流コスト算定になるイメージです。

（1）特定の勘定科目のみを集計

具体的には、「荷造運送費」などいくつかの費目を集計するような方式です。ある意味で究極の簡便法と言えるかもしれません。

これを物流コストの「算定」と言うのは抵抗がありますが、実態としてこのような管理を行っている企業は少なくありません。

このような手法が適用可能なのは、物流を完全に外部委託しており、かつ、物流コストの大半が特定の科目に計上されているケースです。その場合には、特定の科目（費目）を追うだけで、物流コストの傾向をある程度まで把握可能です。ただし、当然のことながら、多種多様な物流を抱える大手製造業などには適しません。

（2）支払物流費のみを集計

物流コストのうち、「支払物流費」のみを部分的に集計するケースです。手間がかかる自家物流費は除外したうえで、可能な範囲で支払費用のみを算定するイメージです。考え方としては、支払物流費のうち代表的なものを効率的に集計するということにつきますが、具体的な手法は会社によってまちまちです。事例を踏まえると以下のようなパターンを挙げることができます。

① 子会社・主要委託先への支払費用のみを集計

物流子会社、あるいは特定の3ＰＬ企業に物流を包括委託している企業は少なくありません。このような場合、当該委託先への支払費用＝物流コストと見なして管理するケースが多く見られます。

物流コストの管理としては非常にシンプルですので、一定の合理性はあると思います。ただし、物流子会社などを介すことで、委託料金の妥当性といった、実効性ある管理ができないようでは意味がありません。そのため物流子会社の側でもコスト管理を行うといった、二重管理が生じることもあります。

② 調査票方式で支払費用のみを集計

これはやや例外的なケースですが、営業拠点などに調査票を送り、支払費用を記入させて、本社で集計するような方式です。

最近は少なくなりましたが、営業拠点ごとに物流が独立しており、各拠点で独自に委託先を起用しているような企業があります。このような場合は通常、拠点単位で予算・実績管理が行われていますので、物流コストも、拠点ごとのデータをそのまま流用できることが多いのです。よって、各拠点から直接、データを集めるのが合理的です。

なおこのような手法では、原則、支払物流費のみが対象となります。なぜなら、営業拠点などのレベルでは自家物流費の把握作業（例えば減価償却費を振り分けるといった作業）は難しいためです。

本題からズレますが、グローバル物流コストの把握でも、このような手法を利用することがあります。グローバルでは会計情報システムが統一されていない企業が少なくありませんので、物流コストのデータを抽出するのが容易ではありません。その場合、各拠点から直接データを取らざるを得ないということになります。

③ 会計データを加工して支払費用を集計（伝票データから集計する、補助科目で集計するなど）

これは前2項とは異なり、より本格的に支払物流費を算定するケースです（とはいえ、自家物流費は算定しませんので簡便法であることは同じです）。

支払費用については、原則的にすべて会計データとして記録されます。よって振替伝票や、添付されている請求書などを確認すれば、そこから物流関連の費用を集計することができます。

例えば、毎月、特定の物流会社への委託費を「支払手数料」

で支払っているとしましょう。この場合でも、支払手数料の総額を見ても物流コストは把握できませんので、物流会社に定期的に支払っている伝票データを抽出し、再集計する必要があります。

このような処理は、中小企業など委託先の数が少ない場合には適用可能ですが、委託先が多数に上る大企業や、不定期に支払いが発生するような場合は難易度が上がります。

そのような場合に対応する手法の1つは、勘定科目に補助科目コードを設定する方法です。振替伝票入力時に、物流コストに該当するものには、補助コードを付しておきます。そうすることで、物流コスト関連の支出のみを集計することができるようになります。経理の手間が増えることが問題ですが、集計の段階で手間を掛けるよりは合理的です。このような方式は、売上数千億円レベルの大企業でも、採用されている例があります。

(3) 中企庁方式

以上は産業界がある意味で独自に工夫して編み出した手法です。一方、中小企業庁が公的に策定した物流コスト算定マニュアルでも、中小の卸売業などを想定した簡便法が紹介されています。この内容は中企庁マニュアルの位置づけとあわせて、次項で説明します。

さて、このように様々な簡便法があるわけですが、どの手法を採用するにせよ、簡便法を適用できるかどうかの分かれ道は、「自家物流費がどのくらいあるか」です。自家物流費が少ない場合、上記の簡便法で支払物流費のみを把握することで充分です。一方、自家物流費が無視できない場合、簡便法ではない「標準的フロー」(4-2節で紹介します)のもとで算定することが必要です。

7 コスト算定の各種ガイドライン

官庁が策定した様々なガイドライン

物流コストの算定については、これまで複数の官庁がガイドライン（算定基準、マニュアルなど含む）を策定しています。出版物としてはすでに絶版で入手困難なものもありますので、ここで、ガイドラインの概要、関係や位置づけなどを紹介します。

（1）運輸省「物流コスト算定統一基準」（1977）

物流コストの算定方法を公的に定めた最初の基準です。文書としては非常にコンパクトなものです。公表されたのは、二度のオイルショックを経て、高度成長期が終焉した後のタイミングです。「物価高騰を避けるためには物流コストの削減が必要」というような社会背景が色濃く感じられます。なお、運輸省が出した基準ですが、物流会社ではなく、あくまで荷主を対象としたものです。

非常に古い資料ではありますが、「物流機能別」「領域別」「支払形態別」で集計するといった、物流コスト算定の基本的ルールは、この時点でほぼ確立されています。ただし、細かい点で言えば、機能別の分類方法が次の通産省マニュアルで修正されている、といった違いはあります。

（2）通産省「物流コスト算定活用マニュアル」（1992）

運輸省の基準を発展、改良し、大幅に充実した内容となっています。具体的に取り上げているテーマは、荷主におけるコスト算定に留まらず、算定されたコストの活用、投資などの場面での戦略的意思決定などまで及んでいます。

このうち、物流コスト算定基準を取り上げたセクションは、基本的に運輸省の基準を踏襲しつつ、いくつかの修正を加えています。

修正箇所の主な点としては、「変固別（変動費・固定費別）」の管理を導入したことが挙げられます。物流コストは、「物流量」によって左右されますが、物流量は「売上の多寡」といった物流部門外の要因で決定されます。このような性質を持つ物流コストの管理には、変固別管理が不可欠であると言えます（この点は４－３－３項でも説明します）。

もう1つの修正点は、「機能別」の分類が見直され、「荷役」の分類が（大分類レベルから）取り払われたことです。荷役コストは「トラックへの荷積み」「保管棚へのフォークでの格納」を思い浮かべればわかるように、輸送、保管等と密接不可分であることから、輸送・保管と区分するのが困難です。そのため、輸送・保管の内数として把握するように変更されたということです（注1）。

（3）中小企業庁「わかりやすい物流コストの算定マニュアル」（1996年）

通産省のマニュアルは物流コスト算定に関わる論点を幅広く取り上げていますが、網羅的である反面、リソースの限られる中小企業には仔細に過ぎる面もあります。そのため、中小企業でも利用できるような「簡便法」を提案しているのが本マニュアルです。

本マニュアルでは、2種類の簡便法を提案しているのですが、いずれも、自家物流費を含む物流コストを概算する内容となっています。

前項でも述べた通り、簡便法として、支払物流費のみを算定する企業は多いのですが、自社で従業員を雇用し、物流オペレーションを行っている企業の場合、支払物流費のみの管理では不十分です。中小企業であっても、卸売業などではそのようなケースが少なくありません。そのため、本マニュアルの簡便法では、人件費等の自家物流費を、「1人あたり○百万円」といったようにザックリと推計する方式を導入しています（注2）。

【注】

（1）ただし、通販物流の拡大に代表されるように、近年、ピッキング作業など荷役費の重要度が増してきています。コスト分類などはマニュアルありきではなく、時代背景を踏まえて柔軟に読み取ることが必要です。

（2）正確には中企庁マニュアルでは、2種類の簡便法を紹介しており、ここで述べるのはそのうち「ステップ1」方式です。

参考文献

運輸省「物流コスト算定統一基準─物流コスト計算の実務手引」日本物的流通協会、1977年。

通商産業省産業政策局流通産業課（編）「物流コスト算定活用マニュアル」通商産業調査会、1992年。

中小企業庁「わかりやすい物流コストの算定マニュアル」1996年。

中小企業庁「物流ＡＢＣ準拠による　物流コスト算定・効率化マニュアル」【増補版】、２００４年。

西沢　脩『物流費会計入門』税務経理協会、１９９２年。

西沢　脩『ロジスティクス・コスト』白桃書房、１９９９年。

河西健次『新版 コストダウンのための物流コスト計算の実際』日本物的流通協会、１９８９年。

河西健次『すぐ使える実戦物流コスト計算』成山堂書店、２００１年。

第2節
物流コスト算定の流れ

1 コスト算定の進め方（標準的なフロー）

算定に入るまえに、まず目的の明確化を

第2節では、物流コスト算定を始める場合の手順を説明します。これまで物流コストを算定したことのない企業が、新たにコスト算定を始めるケースを想定し、できるだけ詳しく説明したいと思います。

物流コスト算定方法については、通産省マニュアル等でも記載されています。本書で説明する物流コストの算定手法は、言うまでも無く、各マニュアルを下敷きとしていますが、そのまま引用したものではありません。

と言いますのは、各マニュアルは、「算定の基準（モデル）を示すこと」に比重が置かれているために、コスト算定導入の具体的な手順は断片的にしか記載されていません。

そこで本項は、上記マニュアルの他、過去の研究成果を整理したうえで、①中小企業に限らず適用できる手法で、②入門レベルの企業でも導入できること、を目標として、算定フローを再構成しました。その意味で、以下のフローは上記マニュアルと地続きのものですが、いずれかのマニュアルに直接、準拠したものではないことを、あらかじめお断りしておきます。

なお、ここで説明するのは、自家物流費まで含めたトータルの物流コストを算定する方法です。物流コストの算定には様々なレベルがあること、各種の簡便法があることを4－1－6項で説明しましたが、会社における物流の位置づけによっては、ここで紹介する方法でなく、簡便法で済む場合もあることは念頭に置いておいてください。

さて、これから物流コスト算定の具体的プロセスを踏んでいくことになるわけですが、算定作業の前にまず、「なぜ、どのような目的でコストを算定するのか？」という、目的の明確化が必要だと思います。

その際のポイントとしては3つ挙げることができます。

1つは、算定によって得られる「期待効果」です。何らかの効果を期待してコスト算定を行うわけですが、目指している効果のレベルは企業によって様々です。

例えばある会社は、物流コストが「トレンド的に減っているか」「増えているか」、といった程度の「全体感」が分かれば良いと考えています。一方である企業は、コスト削減策の検証を目的としており、施策実施前後での比較が必要だと考えています。また、別の企業は、月次での予実管理（予算・実績管理）を導入し、物流コストを定量的に管理することがゴールだと考えています。

以上は一例ですが、このように、まずは自社が何を目指してコスト算定を行うのか、について検討する必要があります。

2点目は、具体的な利用場面の想定です。前項の内容をさらに実務ベースに落とし込むうえで、利用場面を具体化しておくことが望ましいです。

この点を強調するのは、同じような目的での物流コスト算定でも、会社によって利用される場面がかなり異なるからです。

例を挙げましょう。

X社では物流コストを会社の経営レベルのKPIとして位置づけています。この会社では月次で算定された物流コストを、役員レベルが出席する経営会議で報告しています。コスト数値は単に報告されるに留まらず、担当役員の業績指標としても利用されています。

一方、Y社では、コスト削減の定期的検証を目的として物流コスト算定を行っています。ただしこの会社では、物流コストの数値はあくまで参考レベルと捉えており、物流部門内でしか参照していません。

この2つのケースを比べると、要求される物流コストの正確性には、かなりの差異があることが明らかでしょう。いうまでもなく、X社のケースでは、手間を掛けてでも相当程度正確なデータを作成する必要がありますが、一方のY社の場合では、簡便法でも問題ないでしょう。

以上で述べた「正確性のレベル」の他にも、「コストを算定するタイミング」「頻度（月次か、年次か等）」の設定を具体的に検討するうえでも、利用場面を具体化しておくことが有効だと思います。

3番目の論点は、算定の範囲をどうするか、です。

当然のことですが、コスト算定の前にまず、地理的な範囲、連結対象の範囲などを正確に決めておく必要があります。

この中でも特に問題となるのは、海外（海外の現地法人、輸出入など）が絡む場合です。

海外現地法人などを含めた「グローバル物流コスト」の算定が可能かどうか、は非常に重要な論点です。ただ、結論から言うと、多くの企業にとってグローバル物流コストの算定は、相当に難易度が高いと言わざるを得ません。国による会計基準の差、会計情報システムの違い、さらには連結子会社・持分法適用会社の扱いなど、簡単には片付けられない問題があり、一筋縄ではいきません。不可能とまでは言いませんが、初期段階で取り組むテーマでないことは明らかです。

なお、地理的範囲を国内に絞ったとしても、水際で発生する輸出入費用の扱いをどうするか、という問題が残ります。基本的には、海上・航空運賃は除外し、純粋な国内費用に限定することになりますが、実務上分離可能かどうかは、あらかじめ確認しておくべきでしょう。

このような「算定範囲」の問題をクリアにしたうえで、自社の算定方針を策定してください。

以上の論点がクリアになったら、いよいよ算定のフローへと進むことになります。算定フローは大きくは5つのステップに分かれます（図表の下段）。次項からは、このステップに従って具体的に説明していきます。

参考文献

4－1－7項と同様。

図表　算定の標準的なフロー

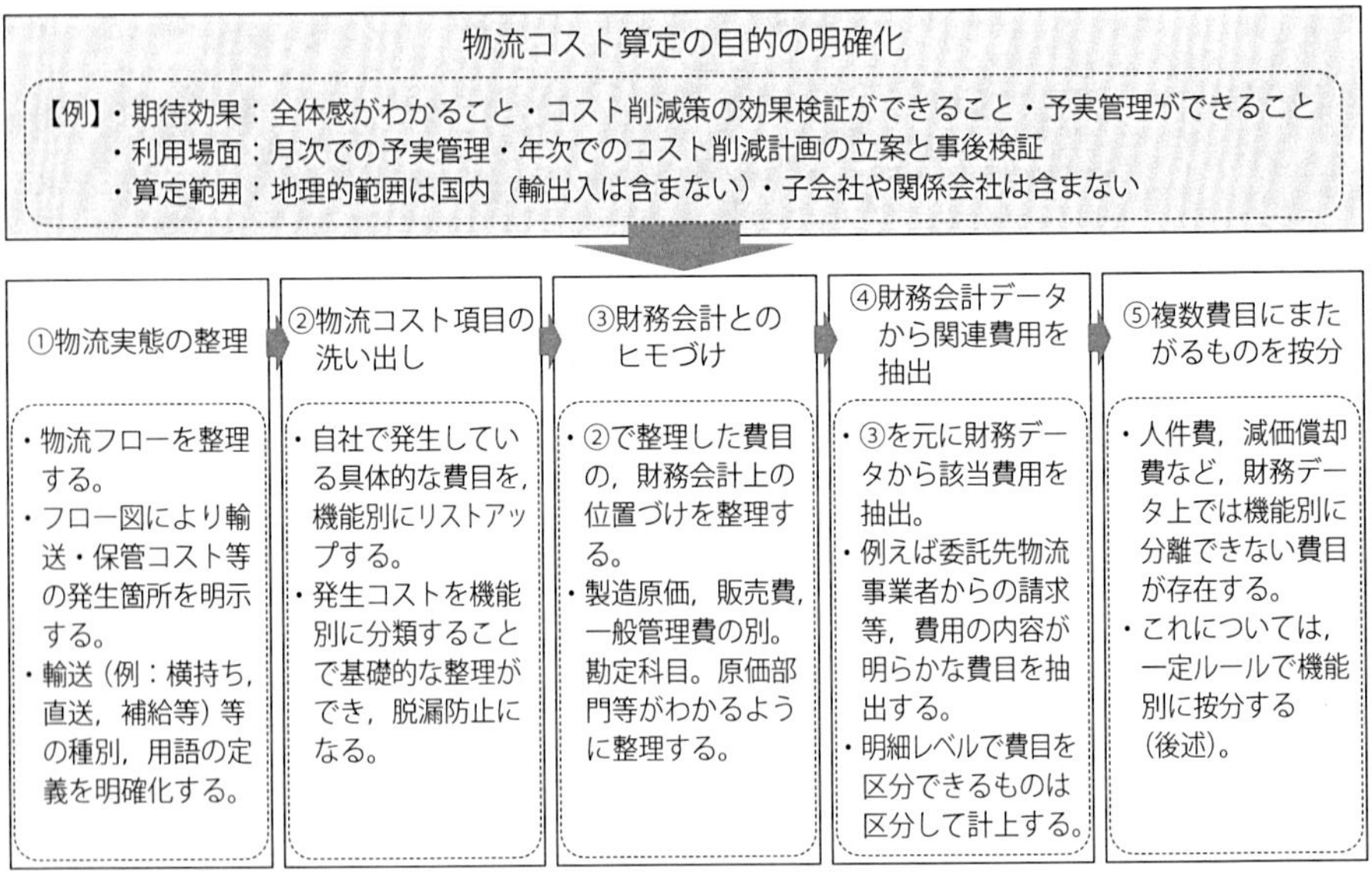
物流コスト算定の目的の明確化
【例】・期待効果：全体感がわかること・コスト削減策の効果検証ができること・予実管理ができること
・利用場面：月次での予実管理・年次でのコスト削減計画の立案と事後検証
・算定範囲：地理的範囲は国内（輸出入は含まない）・子会社や関係会社は含まない
①物流実態の整理
・物流フローを整理する。
・フロー図により輸送・保管コスト等の発生箇所を明示する。
・輸送（例：横持ち，直送，補給等）等の種別，用語の定義を明確化する。
②物流コスト項目の洗い出し
・自社で発生している具体的な費目を，機能別にリストアップする。
・発生コストを機能別に分類することで基礎的な整理ができ，脱漏防止になる。
③財務会計とのヒモづけ
・②で整理した費目の，財務会計上の位置づけを整理する。
・製造原価，販売費，一般管理費の別。勘定科目。原価部門等がわかるように整理する。
④財務会計データから関連費用を抽出
・③を元に財務データから該当費用を抽出。
・例えば委託先物流事業者からの請求等，費用の内容が明らかな費目を抽出する。
・明細レベルで費目を区分できるものは区分して計上する。
⑤複数費目にまたがるものを按分
・人件費，減価償却費など，財務データ上では機能別に分離できない費目が存在する。
・これについては，一定ルールで機能別に按分する（後述）。

2 まずは物流実態の把握から

フロー図作成により基本的な構造を把握

物流コスト算定のファーストステップは何かというと、言うまでもなく、物流実態の把握です。自社のモノの流れ・動きを漏れなく洗い出すことで、物流コストが発生しているポイントを明らかにすることができるからです。

実態把握には色々な手法がありますが、（コスト算定に限らず）物流分野で有効なのが、図表のような「物流フロー図（プロセス図）」を作成する方法です。

ネットワーク工学の分野では、結節点を「ノード」、結節点同士を繋ぐ線を「リンク」と言いますが（3-4-1項でも述べた通りです）、物流におけるノードは「拠点」、リンクは「道路など輸送ルート」ということになります。物流は、輸送・保管・荷役・包装・流通加工などの機能に分かれますが、このうち、保管・荷役などのコストは「ノード＝拠点」で発生し、輸送コストは「リンク＝輸送ルート上」で発生します。そのため、フロー図を整理することでノードとリンクを洗い出せば、同時に機能別コストの洗い出しが可能となるのです。

なお昨今は物流はアウトソーシングされる場合が大半です。「ノード」も「リンク」も外部に委託している領域があるはずです。上記の過程では、「委託先の企業名」「契約内容」等も整理してください。

まとめると、まず物流フロー図を作成し、その上に発生する物流機能、その委託先等の情報を書き出していく――。これが物流実態把握の基本的な流れです。

物流フロー図を作成する際に注意すべき重要なポイントは、「返品」「横持ち」といったイレギュラーな処理を見逃さないことです。

例えば返品は、通常は量が少なくイレギュラーなルートで発生しますので（例えば、梱包不具合の場合に直接工場に戻して再梱包するケースなど）、実態が正確に把握されていない場合があり、注意が必要です。

また、「横持ち輸送」の把握も重要です。横持ちとは、「物流センターから物流センターへ」といった「ヨコ方向」の輸送のことを指します。横持ちは本来は発生させるべきでない非合理な輸送ですが、実態としては、「ある拠点で品切れが起きた場合に、他の拠点から緊急輸送する」「繁忙期に保管スペースが満杯になったときに外部倉庫に商品を逃がす」などのオペレーションが多くの企業で行われています。

このようなイレギュラーな輸送は、イレギュラーであるが故に正確な把握が難しいのですが、改善によるコスト削減の「ネタ」にもなり得るポイントです。コスト算定に当たっては、これらイレギュラー処置もきちんと把握しておきたいところです。

以上で述べた以外にも様々なイレギュラー処理がありますが、特に注意を要するものとしては、自社が物流に介在せず、費用だけ負担するようなケースが挙げられます。

この代表的な例としては、センターフィーがあります。センターフィーについては、4-1-4項で取り上げましたので、ここでは詳細は触れませんが、顧客の物流センターの運営費用を、ベンダー側が負担するものですので、フロー図上からは明らかにならないタイプの費用です。

同様に、図表中にも記載した「メーカー直送」のケースも、このようなパターンに相当します。

ある食品メーカーは、原則的に卸を介して商品を販売していますが、大手小売業への納品など、1納品で大型車満載になる場合には、小売の物流センターに直送することにしています。このように、物流上は卸を経由しないが、商流上は卸を経由しているといった場合に、物流コストを手数料として負担しているケースがあります。

このような場合も、物流フロー図上からは明示されませんので、同様に注意が必要でしょう。

なお、これは一例で、近年の物流高度化によって「A社から購入したのにB社から届く」というように、「商流」と「物流」が分離しているケースは非常に増えています。このような場合の物流コスト計上方法については、あらかじめルールを決めておく必要があります。

最後に、物流実態を把握するプロセスでは、各種の社内用語を整理しておくことも必要です。工場から物流センターまでを「輸送」、物流センターから顧客までを「配送」というように、言葉を使い分けている会社は少なくありません。算定された物流コストを社内で説明する際に誤解を生じないよう、言葉の選び方にも注意を払うことが必要でしょう。

図表　フロー図の例

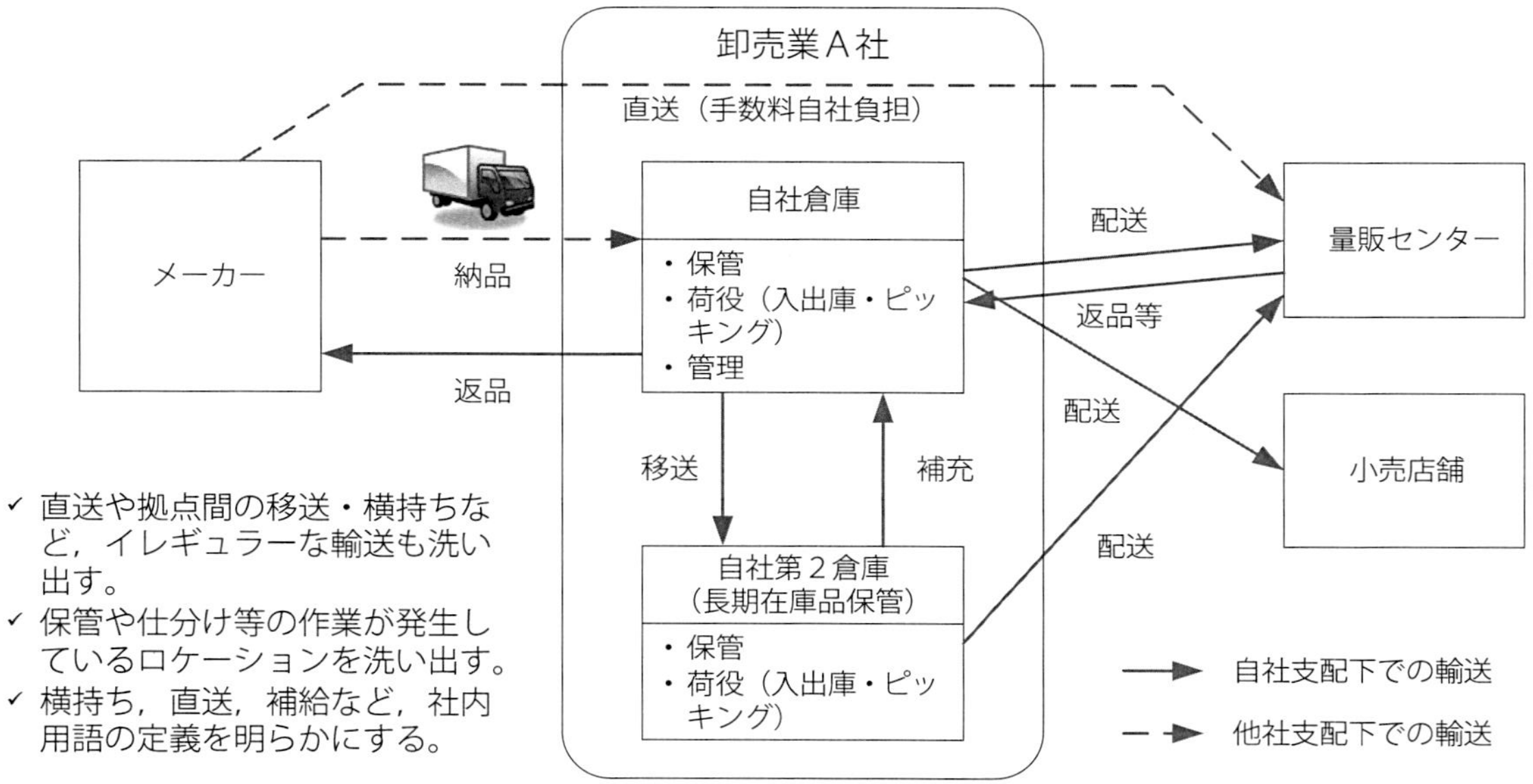

図表の資料：中小企業庁資料を参考に作成。

参考：フロー図作成のプロセスについては，通産省「物流コスト算定活用マニュアル」第５部の記述を参考とした。

3 物流コスト項目の把握と整理

機能レベルから費目レベルへブレークダウン

前項では物流フロー図を作成しましたが、この過程で、「どこで、どのような物流機能が発生しているか」、という物流コストの機能レベルの情報が明らかになります。しかし、この情報を物流コストの具体的な算定に繋げていくためには、さらに詳細な検討が必要です。

例を挙げて考えてみましょう。

物流フロー図を作成した際、「北関東の拠点では保管費が発生している」という情報が整理されたとします。しかし、財務会計のデータには「保管費」という費目はありませんので、これだけでは金額を算定することはできません。「保管費」という「機能」に含まれている具体的な費目――例えば「パート作業員の人件費」・「建物の減価償却費」・「水道光熱費」といった、費目ベースにブレークダウンしなければ、金額を特定するプロセスには進めません。

このように、物流コストを算定するには、「機能レベル」の、ある意味で大まかな情報を、「費目レベル」の具体的な情報へと落とし込んだうえで、これらの費目を網羅的に調べていく必要があります（図表）。これが、本項で取り上げるテーマです。

さて、費目をリストアップする際のポイントの1つは、自家物流費の扱いです。

これまで述べてきたように、物流コストは支払物流費と自家物流費に分かれます。このうち支払物流費は、外部の会社からの請求に基づき支払う費用ですので、費用の洗い出しにはそれほど大きな問題はありません。

一方、社内で発生する費用である「自家物流費」の洗い出しには様々な問題があります。

まず、自家物流費には、減価償却費のようにおカネの出入りが発生しないタイプの費用が含まれます。このような費用は請求・支払いの履歴を見ているだけでは把握できません。よって、図表に示す費目例を参考に、自社で該当する費用がないか、幅広くチェックする必要があります。

この作業を簡素化するためには、まず、自家物流で行われている業務を洗い出し、その範囲内で具体的な費目を挙げていけば良いでしょう。

というのも、近年の物流アウトソーシングの進展により、自家物流で運営されている業務はかなり少なくなっています（注1）。メーカーで言えば、工場に隣接した倉庫での保管・荷役、梱包だけを自家物流で実施している、といった場合が大半ではないでしょうか。よって、その範囲に限定して、費用の洗い出しを進めれば良いのです。

なお、自家物流で実施されている業務には、外注するに及ばないような「重要度の低いもの」「管理不可能なもの」「コスト削減余地がないもの」が多く含まれます。その場合は、手間暇とのバランスを考えて、算定の対象から除外することもあり得ます。

このようなプロセスを経て、発生する物流コストを費目レベルに落とし込み、リストアップすることができれば、次は具体的なデータ収集の段階に進むことになります。

【注】

（1）もちろん、例外的に自家物流が多い業種もあります。例えば、通販、医療機器・医薬品卸、業務用食品卸などです。このようなケースでは、手間を掛けて集計するほかありません。

図表　費目ごとの整理イメージ

機能	具体的費目
輸送費	・運賃（配送，拠点間移送，返品等） ・メーカー直送の手数料
保管費	・自社倉庫における保管費 　・正社員人件費　・パート・アルバイト等人件費 　・減価償却費　・消耗品費　・修繕費　・リース料 　・水道光熱費　・諸税・保険料 ・自社第二倉庫における保管費 　・　同上
荷役費	・自社倉庫における保管費 　・人件費（給与，賞与，福利厚生費） 　・減価償却費　・消耗品費　・修繕費　・リース料 　・水道光熱費　・諸税・保険料 ・自社第二倉庫における保管費 　・　同上
その他	・包装資材費　・情報システム費

図表　物流コストの費目例

機能	支払形態	変動・固定	内　容
輸送費	自家	変動人件費	ドライバー・助手・整備員の給与・賃金・賞与（除固定給部分），走行・時間外手当 臨時雇員（アルバイト）の雑給　等
		変動車両費	燃料・油脂費，タイヤ・チューブ費，車両修理費，消耗品費　等
		固定輸送費	ドライバー・助手・整備員の給与・賃金・賞与（固定給部分），退職金引当額・福利厚生費，車庫・施設修繕費・減価償却費・諸税・保険料，施設使用料，車両施設金利，固定事務諸費
	支払	支払輸送費	支払運賃，運賃値引・割戻，着払運賃，センターフィー　等
保管費	自家	変動人件費	物流拠点の従業員の給与・賃金・賞与（除固定給部分），臨時雇員（アルバイト）の雑給　等
		変動荷役費	燃料・油脂費，動力費，タイヤ・部品費，バッテリー費，機械修繕費，消耗品費　等
		固定保管費	物流拠点の従業員の給与・賃金・賞与（固定給部分），退職金引当額・福利厚生費，車両・施設修繕費・減価償却費・諸税・保険料，倉庫・施設リース料，施設使用料，社内金利　等
	支払	支払保管費	支払保管・荷役量　等
包装費	自家	変動人件費	包装担当従業員の給与・賃金・賞与（除固定給部分），臨時雇員（アルバイト）の雑給　等
		変動資材費	包装材料費，荷役材料費，梱包材料費，消耗品費　等
		固定包装費	包装担当従業員の給与・賃金・賞与（固定給部分），退職金引当額・福利厚生費，車両・施設修繕費・減価償却費・諸税・保険料，施設使用料，社内金利　等
	支払	支払包装費	支払委託料，支払包装料　等
その他	流通加工費		人件費，流通加工材料費，施設・機械使用料，支払加工料・加工賃　等
	情報処理費		情報処理担当者の人件費，物件費（コンピュータ本体・周辺装置，ソフトウェア），通信費（回線使用料，ネットワーク課金），消耗品費，外部委託料　等
	物流管理費		管理部門従業員の給与・賃金・賞与，退職金引当額・福利厚生費，臨時雇員（アルバイト）の雑給，旅費交通費，水道光熱費，通信費，事務用消耗品費　等

資料：通産省「物流コスト算定活用マニュアル」p.58 以降を元に筆者修正。

4 財務項目とのひも付け

ひも付けできるものとできないもの

前項の作業によって、物流コストの「費目別のリスト」が整理されました。これをもとに、物流コストデータを収集する作業に進んで行く――。これが本項で取り上げる内容です。

ここでのポイントは、①費目には、「財務会計データとひも付けできるもの」と「ひも付けできないもの」とがあり、②それぞれ処理方法が異なる、ということです。

まず前者から説明します。

「ひも付けできる」とは、発生する費用が、そっくりそのまま物流コストとして算入できるものです。「ひも付けできる費目」は、該当する財務会計データ（具体的には伝票から入力された金額など）を拾い出してくれれば良いということになります。

「ひも付けできる費目」の代表例は、外部の物流会社に支払った運賃です。物流会社から例えば「配送運賃」を名目に請求されたら、その費用は基本的にはそのまま、物流コストに算入することができます（注1）。この他にも、製品の倉庫保管料など多くの支払物流費が、このパターンに該当します。さらに、自家物流費であっても、同様に処理できる場合があります。例えば、自社倉庫での作業を特定の派遣社員に実施させる、といったケースです。この場合は請求額をそのまま物流コストにスライドできますので、算定プロセスは比較的シンプルです（注2）。

次に「ひも付けできない費目」について説明します。

これは端的に言えば、物流コスト「以外」の費用と混在してしまっている費目です。具体例を挙げれば、「直接雇用の場合の人件費・労務費」です。人件費は通常、物流・製造・営業といった複数の機能に跨がって発生します。さらに、物流に限定しても、輸送・保管・荷役といった機能を跨いで発生します。

このような費目については、発生金額をそのまま物流コストとして集計することはできません。その前にまず、機能別

図表　ひも付けのイメージ

機能	具体的費目	財務会計上の費目
輸送費	・運賃 （配送，拠点間移送，返品等）	・荷造運賃
	・メーカー直送の手数料	・支払手数料
保管費	・自社倉庫における保管費	
	・人件費 　（給与，賞与，福利厚生費）	・給料手当 ・賞与 ・法定福利費，福利厚生費 ・退職給付費用
	・パート・アルバイト等の人件費	・雑給 ・法定福利費，福利厚生費
	・減価償却費	・減価償却費
	・電気代，水道代，ガス代	・水道光熱費
	・諸税（固定資産税，都市計画税等）・保険料	・保険料 ・租税公課

財務データから関連費用抽出

損益計算書

売上高
売上原価
販売管理費
　役員報酬，役員賞与
　給料手当
　雑給
　賞与
　法定福利費，福利厚生費
　退職給付費用
　外注費
　荷造運賃
　広告宣伝費
　交際費
　会議費
　旅費交通費
　通信費
　消耗品費
　修繕費
　水道光熱費
　支払手数料
　地代家賃
　賃借料
　リース料
　保険料
　租税公課
　減価償却費
　貸倒引当金繰入額
営業外費用
特別損失　※代表的な項目

などで金額を振り分ける「按分（配賦）」の作業が必要となります。なお按分（配賦）の処理方法は詳しくは次項で説明します。

このように、費目ごとの性質によって処理が異なりますので、①物流コストの各費目がひも付けできる費用かどうかを区分し、②ひも付けできる場合には、どのデータとひも付くか、整理しておく必要があります。

【注】

（1）なお、実際には、「販売物流費と調達物流費が合算されている」「請求金額の中に荷役作業費などが混在している」といったケースが一般的です。この問題は、4－2－7項で改めて取り上げます。

（2）厳密に言えば、混在する請求費目の分離、請求期間とコスト算定期間との期ズレの調整、期を跨いで発生する費用の配賦などの各種処理が発生することが想定されますが、ここでは単純化して説明しています。

5 ひも付けできない費用の扱いの基本

ひも付けできない費用とその按分計算

前項では、費用は「ひも付けできる費用」と「できない費用」に分かれるということを説明しました。ざっくりとした理解ではこれで充分なのですが、読者が実際に物流コストの算定をされる場合には、具体的作業に入るまえに、もう少し具体的なイメージを持っていただくほうが良いでしょう。その意味で、少し補足的な説明をしておきたいと思います。

具体例で考えたほうがわかりやすいと思いますので、工場の空きスペースを使って、荷役と梱包作業を行っているケースを考えてみましょう。このような作業は、工場内の付随的作業と見なされるため、財務会計上、費用はすべて製造原価の中で処理されていることとします。

物流コストとして算定すべき費用としては、例えば次のものが挙げられます。

① 直接材料費のうち、段ボール等の「梱包資材費」
② 直接労務費のうち、梱包・荷役作業員の「労務費（人件費）」
③ 直接経費のうち、「外注梱包費・外注荷役費」
④ 間接費（製造間接費）のうち物流で負担すべきもの

なお、④に挙げた製造間接費とは、工場消耗品費、事務員人件費、減価償却費、水道光熱費などです。本社間接部門で発生する、いわゆる一般管理費とは異なる概念であることに注意してください。

さて、ではこのうち「ひも付けできる費用」はどれでしょうか。

①の「梱包資材費」と、③の「外注梱包費等」は、資材の種類別など、名目ごとに請求されるのが一般的です。従って、直接的にひも付けが可能です。会計処理上は、請求された費用を直接、物流コストとして加算すれば良いわけです。なお、このような直接的な費用の加算過程のことを、会計用語では「原価計算対象への「直課」」と言います。

一方、直課できない費用もいろいろと存在します。①の「労務費（人件費）」と、④の間接費がそれに当たります。この場合、コストへの直接のひも付けはできませんので、費用の按分（注1）が必要となります。具体的に見ていきましょう。

まず①ですが、直接労務費とは、平たく言うと現場の作業員さん、工員さん達の人件費ということになります。一般に、現場作業員は様々な業務を掛け持ちします。物流と製造作業とで掛け持ちしている場合もありますし、荷役と梱包など、複数の物流機能を掛け持ちする場合もあるでしょう。よって、「Aさんに払った給与を全額、X業務のコストに算入する」といった計算はできません。いずれの場合も、稼働時間などを基準に、按分しなければなりません。

次に④間接費です。この場合の間接費は、工場全体に対して発生する費用ですので、当然のことながら個別の物流コストにひも付くことはありません。具体的に言えば、間接費にはスペースの利用に関わる経費（建物の減価償却費、保守費用、電気料金など）が多く含まれます。そして工場スペースは製造機能、物流機能でシェアして利用されています。従って、その利用割合に応じた按分が必要ということになります。

このようなケースでは、多くの費用がひも付けができず、按分が必要となるわけです。「ひも付けできない費用」と言うと、一般的には間接経費が想定されるかもしれませんが、労務費（人件費）のように、複数の費目をまたぐタイプの費用でも、同じく按分作業が必要となるということです。

さて、ここまでお読みいただいてすでに想像されている通り、按分の作業は物流コストの算定の中でも非常に手間のかかる作業になります。従って、按分の作業を簡素化するためには、物流コストの「区分」を最低限にしておくことが望ましいと言えます。

例えば「包装／輸送／保管／荷役／物流加工／物流情報／流通・物流管理」という7区分で費用を求めるには、複雑な按分処理が必要です。これを「輸送／物流センター」という2区分にまとめてしまえば、各種費用の按分作業を大幅に削減することができます。

コストの「区分」を検討するに当たっては、このような点も見据えておくと良いでしょう。

【注】

（1）一般的には間接経費の按分のことを会計用語では配賦というが、ここでは配賦と按分との厳密な使い分けは行わず、すべて按分と呼ぶことにします。

図表　費用の分類

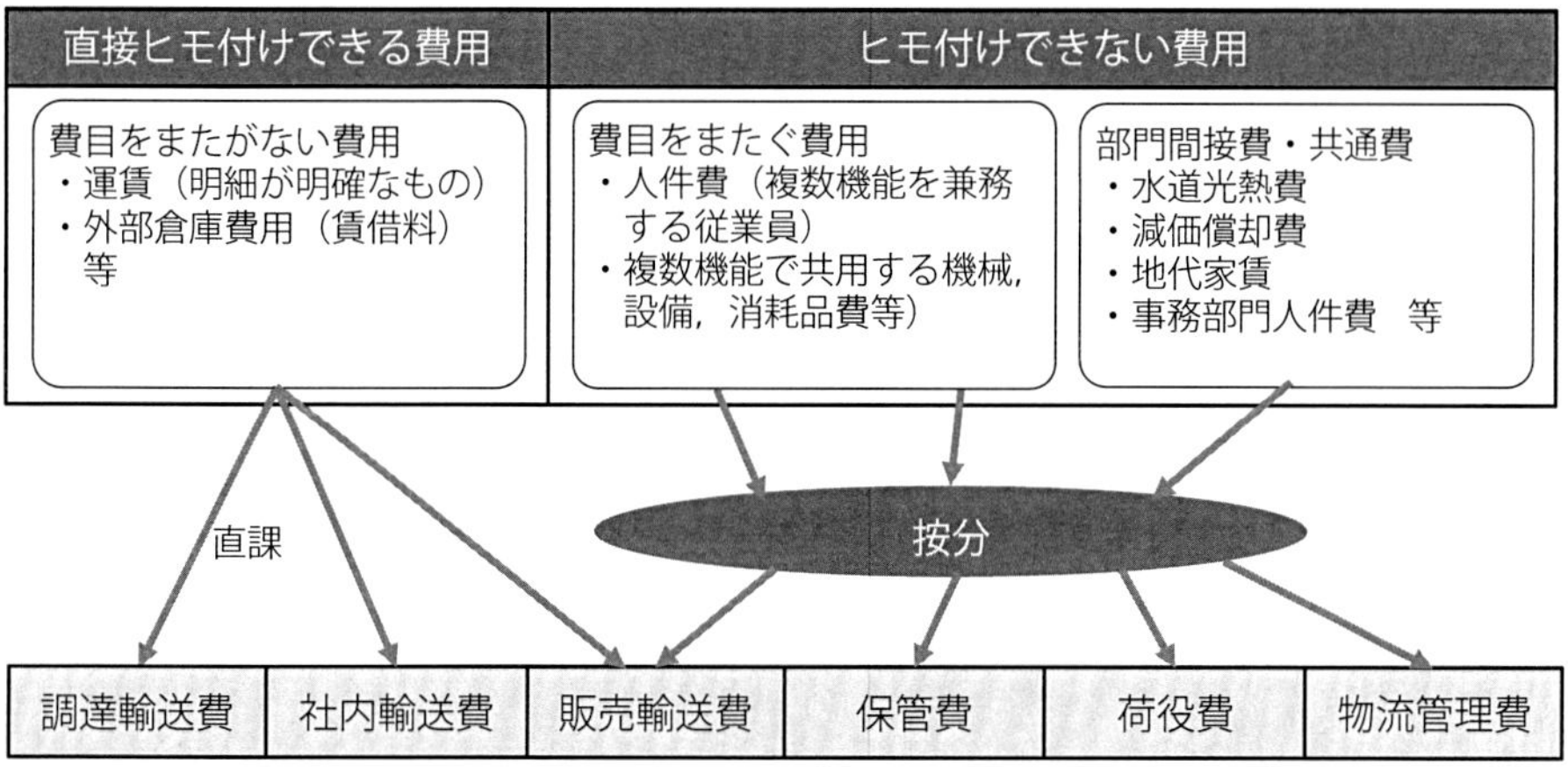
直接ヒモ付けできる費用
ヒモ付けできない費用
費目をまたがない費用
・運賃（明細が明確なもの）
・外部倉庫費用（賃借料）
等
費目をまたぐ費用
・人件費（複数機能を兼務する従業員）
・複数機能で共用する機械，設備，消耗品費等）
部門間接費・共通費
・水道光熱費
・減価償却費
・地代家賃
・事務部門人件費　等
直課
按分
調達輸送費
社内輸送費
販売輸送費
保管費
荷役費
物流管理費

6 按分処理の進め方

ひも付けできない費用を物流コストに集計するには

本項では按分処理の基本的なルールについて説明します。

まず、間接経費などの按分の基本的なルールとしては、伝統的原価計算の考え方と、ABC（活動基準原価計算）の考え方とに分かれます（注1）。詳細は割愛しますが、物流コストの按分の妥当性としては、やはり後者にアドバンテージがあると考えられますので、後者（ABC）の考え方を踏襲して按分するのが基本となります。

なお、あくまで考え方を参考にするだけで、ABCの導入自体を求めているわけではありませんのでご留意ください。

さて、ABCの考え方を筆者なりにざっくりと端折って言うと、以下の通りです。

① コストをいくつかの「まとまり」（これを「コスト・プール」と言います）に分類し集計する

② 集計されたコストを、按分の基準（これを「コスト・ドライバー」と言います）に応じて活動（アクティビティ）ごとに按分する

製造原価計算におけるABCの基本的なコンセプトは、「ライン組み替えを伴う小ロットでの生産のように、間接経費の掛かるものには、コスト・ドライバーによって、適正な水準の間接経費を按分できるようにする」というものでした。物流コストの場合もこの考え方を基本的に踏襲します。

ただし、物流コスト算定の場合は、「小ロット生産」といった「アクティビティごと」ではなく、「輸送費」といった物流機能（など）別に按分するという事になるのが相違点となります。

ただし、いずれの場合も計算のプロセス自体は同じような構造となります。すなわち、類似する費用をコスト・プールにまとめ、コスト・ドライバーを基準として、物流機能別等に按分していくことになります（図表）。

人件費を例に考えていきましょう。

正社員の人件費には、社員の給与のほか、福利厚生費、退職給与引当金などが挙げられます。まず、これらを一括りに

集計します（コスト・プール）。仮にこのコスト・プールの名称を「社員費」としましょう。

次に、「社員費」をコスト・ドライバーによって按分していきます。人件費のコスト・ドライバーは、通常は稼働人時が利用されます。よって、作業日報などから得られた稼働人時データをもとに、物流機能別に按分していくことになります。

これが基本的な流れです。

人件費のコスト・ドライバーは上述の通り稼働人時ですが、他の費用の場合はどうでしょうか。例えば倉庫の減価償却費のような、スペース利用に関わる費用は、利用面積をコスト・ドライバーとすることができます。また、間接費を、4トン車、10トン車といった車両の種類別に按分する場合には、車両の種類別原価総額で按分する場合があります。

このようにいろいろなパターンが考えられますが、人件費の場合の基本形を抑えておき、それを応用して按分方法を検討していけば良いでしょう。

【注】

（1）上記のようなＡＢＣの手法に対し、伝統的原価計算では、補助部門の費用を部門全体で総計し、これを一定の基準で直接部門に配賦します。この手法では、適正な按分は難しいと考えられます。

図表　按分処理の進め方

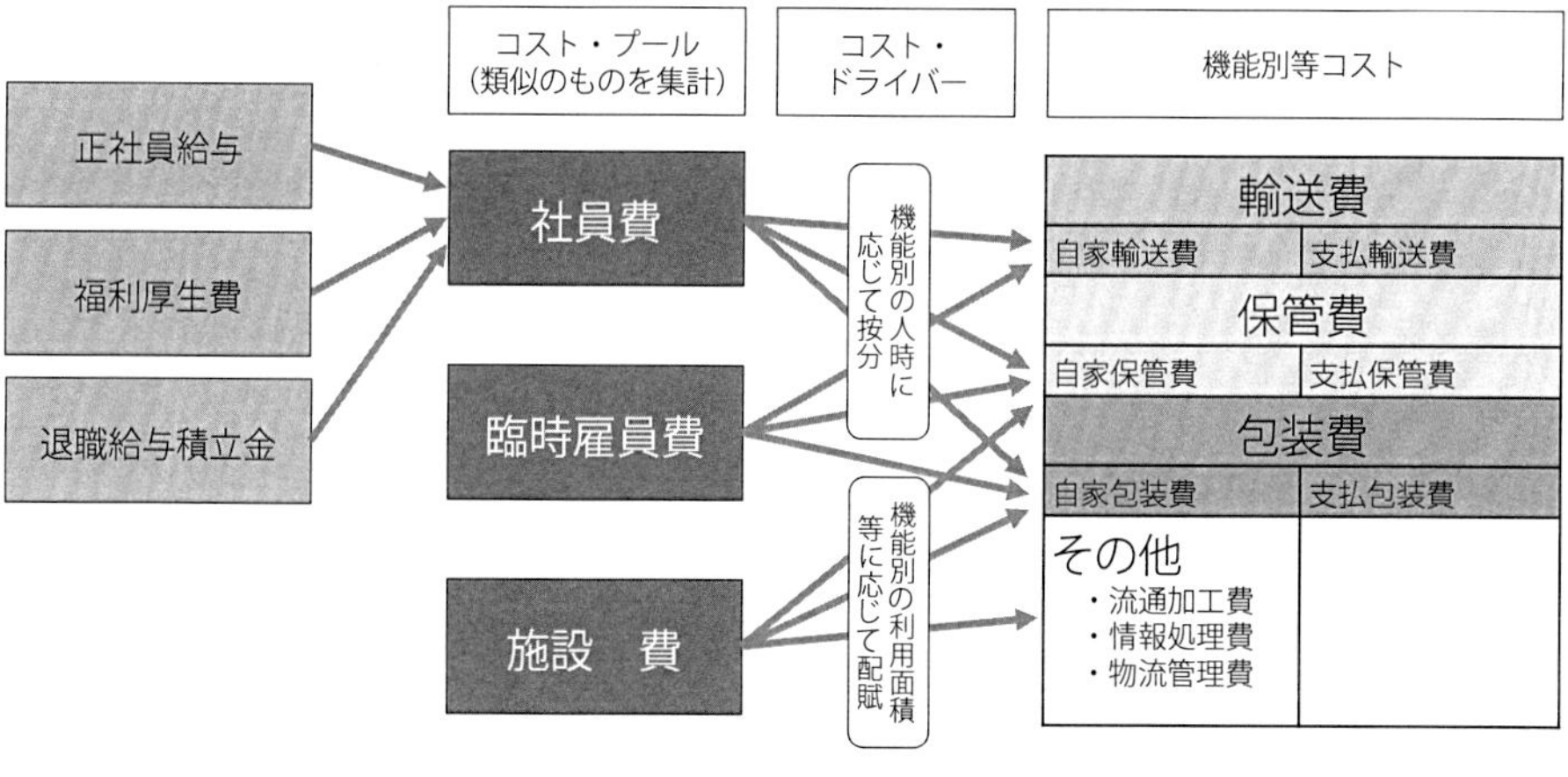

参考資料：中央職業能力開発協会「ロジスティクス管理３級」テキスト（図作成に当たって参考とした）。

第2節 物流コスト算定の流れ

7 請求処理との関連

物流コスト算定を効率化するための請求プロセス見直し

物流コストの1つの特徴は、「支払費用」の割合が非常に高いということです。つまり、物流コストの大半は、請求・支払い処理を経て費用として認識されるということになります。

このような物流コストの特徴を踏まえると、「請求・支払い処理と上手く連動させること」が重要ポイントとなります。そのためには、あらかじめ以下のような点を考慮しておくことが必要です。

(a) 物流コストと他のコストとを区分して請求する
(b) 各種機能別のコストが混在しないようにする
(c) 請求期間とコスト算定期間との期ズレが生じないようにする

以上のポイントに対応するためには、請求時に明細を添付してもらう程度で対応できることもあるでしょうが、例えば、「請求・支払の〆日やリードタイム（支払サイト）を変更しなければならない」というケースなど、委託条件を含めて見直す必要があるかもしれません。従って定期的に委託契約を見直すタイミングで、このようなコスト管理の側面を考慮し、契約条件に反映しておくことが望ましいでしょう。

以上が基本的なポイントですが、さらにコスト管理を高度化するため、請求プロセスを全面的に見直すケースもあります。

図表をご覧下さい。

通常、業務の発注から費用計上するまでの処理プロセスは、業務を発注する ➘ 成果物を検収する ➘ 請求書を受領する ➘ 請求書の内容をチェックする ➘ 支払の依頼を行う ➘ 費用計上する――といった流れになります（図表の①）。

ただ、この流れでは、請求書の受領後に、内容が正しいかを確認するなどの手間が発生します。というのも、物流業務の場合、例えば運賃は出荷数量、距離などによって変動しますので、事後的に出荷数量などと照らし合わせないと金額の妥当性が検証できないためです。

このような問題を踏まえ、一部企業で取り入れられているのが、②、③の方法です。即ち、支払金額をあらかじめ荷主側の輸送実績で確定させ、その金額をもとに請求を依頼する、といったやり方です。

このような方法をとれば、請求書の受領以前に支払予定金額を確定できますので、チェックや確認プロセスは原則的に不要となります。またこの場合、荷主側で運賃などをあらかじめ把握しているわけですので、コスト管理上も、正確に費用計上ができることとなります。

このような手法を採用するには、荷主サイドでコストテーブル（運賃率表など）を保有したうえで、契約に基づく正確な金額をはじき出すシステム化が必要です。従って導入のハードルは低くありません。

しかし、このような算定プロセスの見直しには、コスト構造の透明化に繋がるという、大きなメリットがあります。というのも、運賃などの算出が委託先任せとなっており、ある種の「ブラックボックス」と化してしまっている荷主が少なくないためです。そのような場合には、物流コスト算定の次のステップとして、コスト構造を透明化することが必要とされるはずです。

図表　請求プロセスの見直し

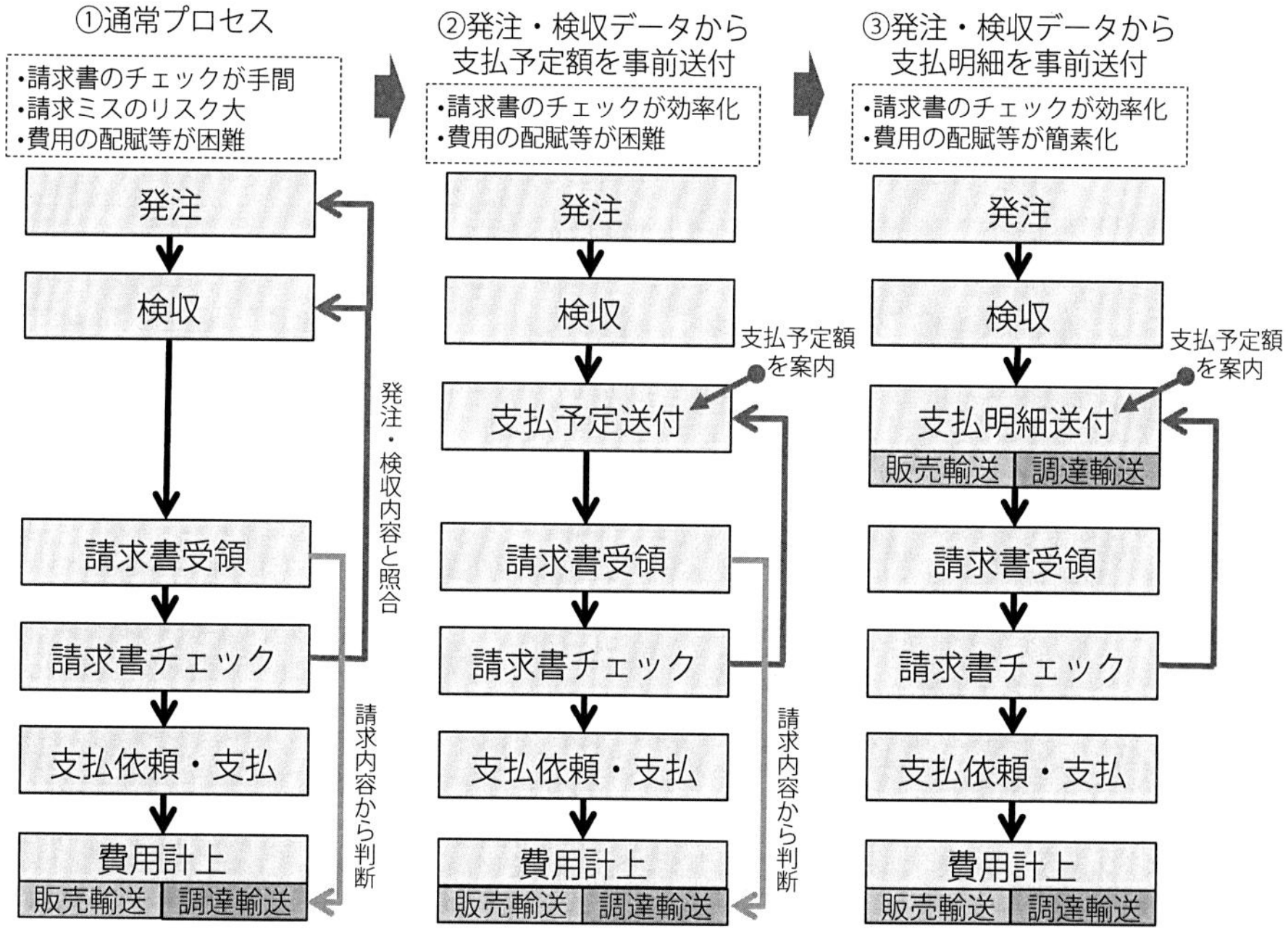

1 算定した物流コストをどう使うか

物流コストの予実管理のポイント

算定した物流コストは、どのように利用されるでしょうか。

筆者が色々な企業に聞いたところでは、「物流部門の業績評価」「コスト削減策の検証」などへ利用している企業も多いですが、やはり圧倒的に多いのは「物流コスト予算の策定と実績管理（以下、予実管理という）」です。ある調査では、8割以上の企業が「予実管理」をコスト算定の目的に挙げています。

これはある意味で当然の結果と言えるでしょう。

物流コストが想定以上に膨らむと収益を圧迫し、場合によっては赤字に転落するかもしれません。物流部門に課せられた大きな役割は、物流コスト・マネジメントであり、従ってその具体的な手段である予実管理を導入するのは必然です。むしろ、予実管理がきちんと出来ていない物流部門は、その存在意義が問われかねません。従って、コスト算定の次のステップとして、実効性のある管理の仕組みを構築することは不可欠だと言えます。

なお予算の立て方等は後の項で説明しますので、本項ではまず、予実管理の基本的なポイントを押さえておきたいと思います。

（1）予実管理は短いサイクルで

予実管理は計画（予算）に従って物流コストをマネジメントする「ＰＤＣＡサイクル」の一種ですが、予算を遵守するためには、コストが計画よりも膨らんだ場合に、即座に対策を打てることが必要です。というのも、すべての支出が確定した後で予算超過がわかっても、文字通り「あとの祭り」だからです。

このように考えると、予実管理のサイクルは、短い間隔で回さなければ意味がありません。極端に言えば、日次・週次で回せればベターです。実際、物流業では物流センターの収支を日次・週次で算出している会社も少なくありません。

ただし、荷主について言えば、物流コストを日次の頻度で算出するのは、手間暇が掛かりすぎて難しいです。現実的には月次程度の周期が無理なく実施できる妥協点だと思います。

ここで重要なポイントは、「年に1度だけ物流コストを算出する」、というだけでは予実管理としての効果は期待できないということです。（なお誤解のないように申し上げると、他社比較等の限定的な目的であれば、年に1度で充分な場合もあります）。

（2）変動要因を分析できるように

物流コストの予算からの乖離が明らかになったとしても、「なぜ増えたのか」という説明ができなければ対策の打ちようがありません。従って、原因が分析できるような関連データ整備が必要です。

一般的に物流コストの変動要因としては、①運賃等単価の変動、②商品単価・商品構成の変動、③物量・稼働率の変動、④小ロット・多頻度化等の物流条件の変動、⑤配送先の地理的分布の変動等が挙げられます。これらを分析するためには、物流量、積載効率、カテゴリー別出荷頻度といった、「物流関連データ」がどうしても必要となります。従って、これらのデータを平行して整備していく必要があります。

（3）物流コスト予算は変動予算で

「国の〇年度予算」といったような、通常皆さんが見聞きする予算は「固定予算」と呼ばれるものです。国の予算数字は「固定」、すなわち「状況に応じて変動しない」ことは明らかでしょう。

これに対し、操業度に応じて予算の額が変動する、「変動予算」という予算編成の仕組みがあります（図表）。

物流コストは、量が増えればコストも増加する、というように、物流量に応じて否応なく変動する性質を持ちます。従って、物流コスト予算は、原則的に変動予算となります。

仮定の話ですが、もしも物流量自体を物流部門が制御することができれば、「今年の物流コストは〇円」というように、固定予算として予算編成することも可能です。しかし現実には、物流量は「営業部が達成する売上」といった外部要因によって決定されてしまいますので、物流コストは固定予算とはなり得ないわけです。

さて、変動予算の場合に、「売上が好調で物流量が増えたため、物流コストが予算をオーバーした」といったケースでは、物流部門が責任を負う必要はありません。ただし、そのような責任範囲を明確化するために、物流コストの予実管理では「物量の変動」と「物流単価の変動」という2つの要因を切り離すことが必須の要件となります。この点は4－3－3項でもう少し詳しく説明します。

以上は物流量が増えた場合ですが、物流量が減った場合には更にやっかいです。物流量の減少は言い換えれば操業度の低下ですが、これは物流コストの「単価増」に繋がります。というのも、出荷がゼロでも、固定費が発生するためです。変動予算はこのような効果をあらかじめ予算に織り込みますので、操業度の変化が物流部門の責任でないことも予算上、明示することが可能となります。

予実管理の主要なポイントは以上の通りですが、次項ではもう少し詳しく、予算編成のプロセスを見ていきましょう。

図表　固定予算と変動予算

固定予算	変動予算
一定の操業度を予定した予算である。 物流コストの場合，次期の物流量を一意に決め，単一のコスト数値を予算数値とする。	複数の操業度を想定し，各操業度に対し設定される予算。 物流コストの場合，想定される物流量ごとに複数の物流コストを予算数値とする。

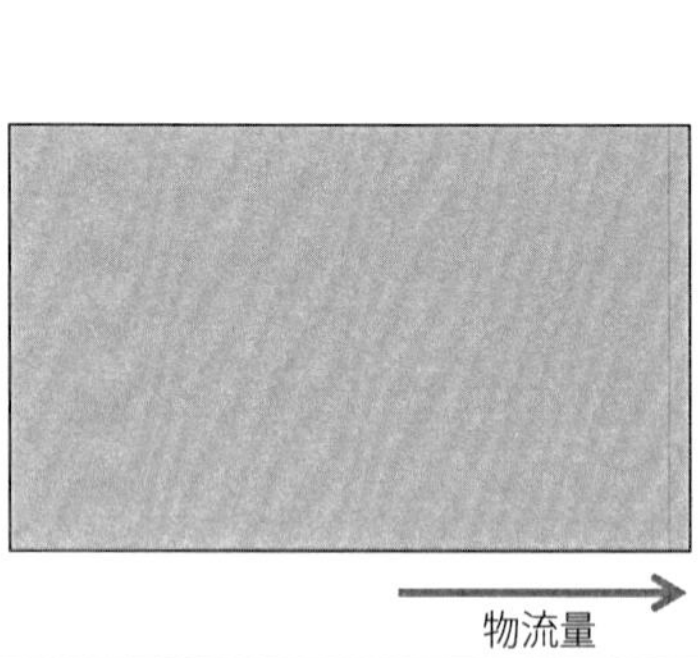

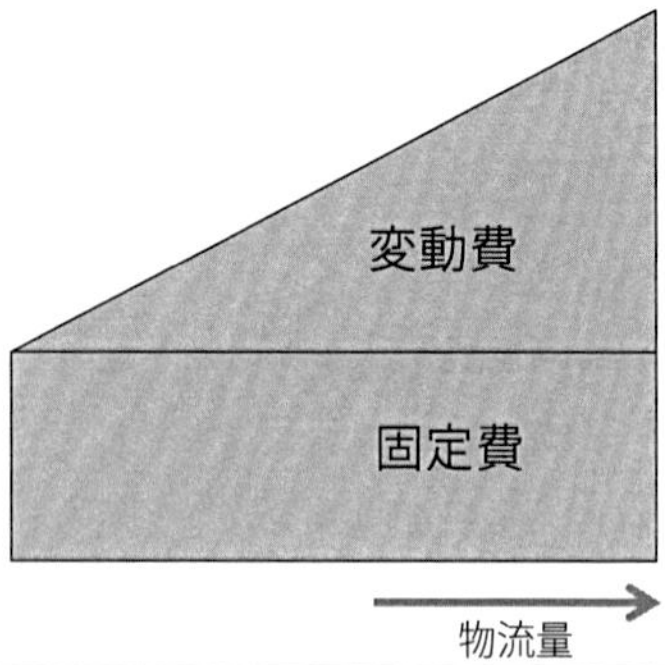

2 予算の立て方

物流コストの特性を踏まえた予算策定のポイント

本項では、物流コスト予算の標準的な策定プロセスについて述べます。

前項でも述べた通り、物流コストは「変動予算」とするのが基本です。具体的に言うと、物流コスト予算は、①固定費（来期の増減見込みを加味）、②変動費単価（来期の増減見込みを加味）、③計画数量（出荷数量等）に④効率化効果を加味した数式で表されることになります（図表）。

なお最後の項で「④効率化効果」をマイナスしているのは、物流部門で実施する物流コスト削減策の効果を反映するためです。

基本的な構造は以上の通りですが、実務上、考慮すべきポイントがいくつかあります。

（1）グループ化

まず、販売形態等が異なる製品・事業は、グループを分ける必要があります。例えば、家電製品と産業機械を販売する電機メーカーが、両者をまとめて物流コスト予算を策定するのは困難です。また、ネット通販と卸販売を併用するメーカーなども、同様にグループ化が必須でしょう。

（2）固定費と変動費の仕分け

変動予算を策定する必須条件として、費目単位で固定費と変動費の仕分けをしなければなりません。なおここでいう固定費とは、「物流量によって変動しない費目」を意味します。固定費のうち代表的なものは、固定資産の減価償却費、直接雇用の従業員人件費などです。昨今の企業では物流アウトソーシングが進展しており、固定資産等を保有する企業は少なくなっています。その意味で、ほとんどの費目は変動費に分類されるのが一般的です。

（3）変動費のパラメータとなる「数量」の設定

変動費は「出荷数量」「保管数量」といった各種物流量に

応じて変動する費用です。正確な予算策定のためには、どのような物流量の数値をパラメータとして設定すべきか、検討する必要があります。なお、物流をアウトソーシングしている場合には、どのような数量が費用を左右するか、は契約形態に依存します。例えば、ある企業がケース数を基準とした「個建て」で運送会社に委託している場合には、輸送費のパラメータとして、「ケース単位の出荷数量」が妥当でしょう。

（4）来期単価の設定

実績輸送費を出荷ケース数で割ると、ケースあたりの輸送費単価が算出されます。このような実績単価が予算のベースとなりますが、来期の単価も同じとは限りません。特に最近は、トラックドライバー不足によって、長期的に運賃の上昇傾向が続いています。また、宅配便や路線便は、大手事業者がたびたび値上げ方針を示しています。このような影響を加味して、来期の単価を設定しなければなりません。

なお、来期単価に計画数量を掛け合わせ、さらに固定費を加算することで予算額が算定できます。ここで言う計画数量とは、生産計画、販売計画等のデータということになります。

（5）効率化施策の効果の想定

物流部門では様々なコスト削減策に取り組みますが、その効果も予算に反映させることが必要です。

効果の算出方法としては、個々の施策を積み上げる「ボトムアップ型」で算定するのが基本ですが、「来期の物流コストは一律○％コスト削減」といった「トップダウン」で目標を課される場合もあるでしょう。

以上、非常にざっくりですが、予算策定のプロセスをご説明しました。基本的な説明は以上ですが、事例をもとに実務上の問題点をもう少し補足します。

図表の下段は、ある流通業の予算策定例を示しています。この事例企業は物流コストのほとんどが変動費であることもあり、物流コスト予算は「ケースあたりの単価」として策定しています。固定費がある場合、この単価は稼働率によって変動するわけですが、この企業では稼働率の影響は無視しているわけです。

これは、予算としては正確性を欠いているとも言えますが、実務上、このような形態で予算策定している企業が少なくありません。というのも、固定費による単価変動は、経営層になかなか受け入れられにくいという現実があるためです。

この事例企業のもう1つのポイントは「物流コスト比率」が予算化されていることです。物流コスト比率は、「商品単価の変化（値引き販売の有無、商品構成の変化など）」という、物流部門としては管理不可能な要因で、いかようにも変動します。その意味で予実管理の難易度がさらに高まることになります。この点は難しい問題ではありますが、現実的に経営層からは物流コスト比率の見通しを示すことが期待されるはずです。その場合は、商品単価の計画値も加味して予算を策定するしかありません。ただし、商品単価の変化は物流部門の責任でないということは、あらかじめ明確にしておくようにしてください。

以上のようなポイントを考慮し、予算策定を進めてください。

図表　予算策定の流れ

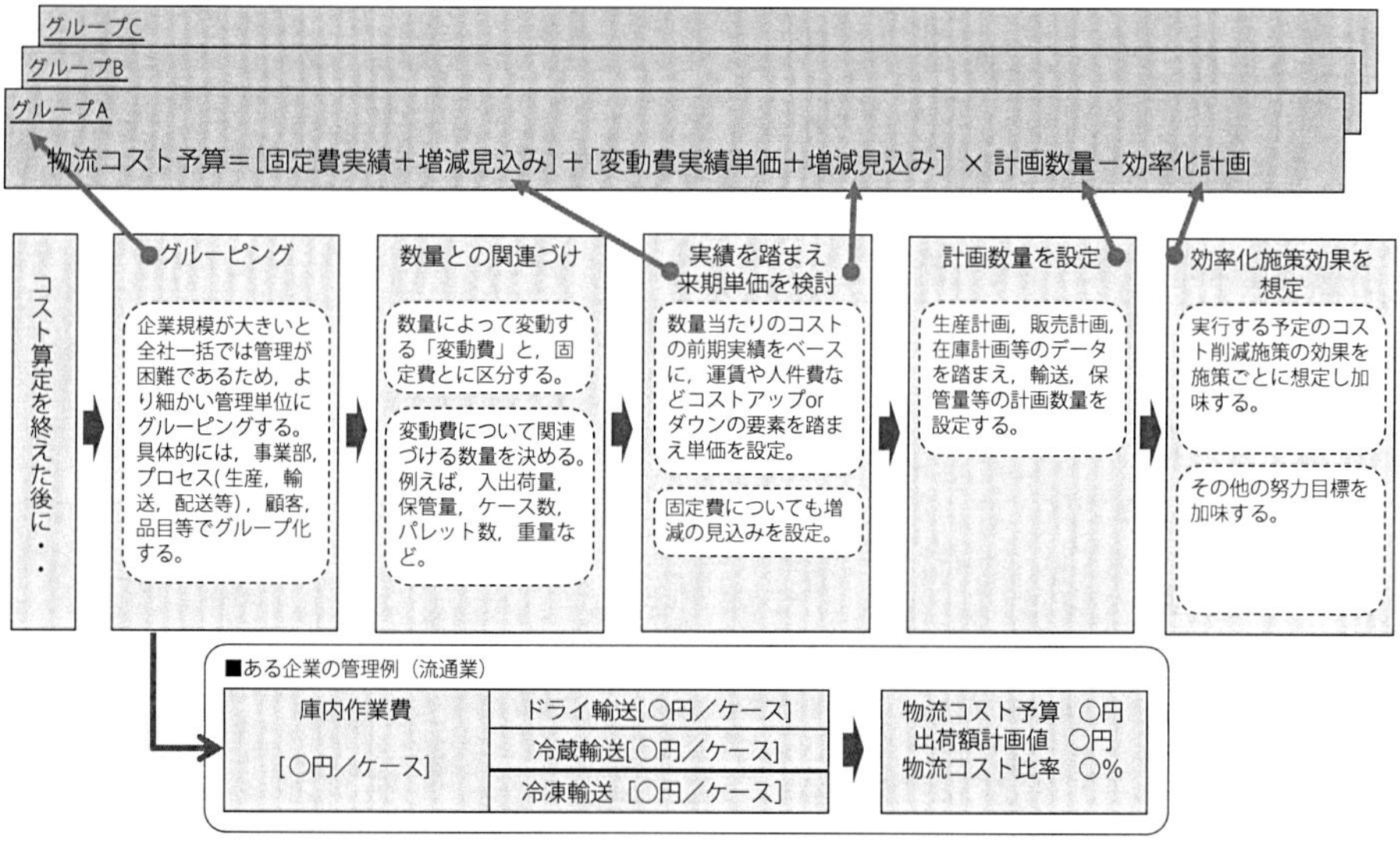

資料：旧通産省「物流コスト算定活用マニュアル」p. 208 以降の事例を参考に作成。

3 予算と実績の比較

数量差異、単価差異とは

予算を策定したら、それを踏まえて実行・運用のフェーズに移ることになります。その際、予算通りに運用できれば良いですが、様々な要因から予算とかい離が生じることは避けられません。従って、「なぜかい離が生じたのか」を分析して対策を立案していくことが必要になります。

分析の基本的な枠組みとなるのが、本項で説明する「差異分析」です。

予算と実績値の主要な変動要因は、「単価の変動」と「数量の変動」の2つです。例えば「運賃が予算よりも上がった」というのは「単価の変動」であり、「販売不振により物流量が減少した」というのは「数量の変動」ということになります。このうち前者の差異を「単価差異」、後者を「数量差異」と言います。

ただし、この2つだけではすべての差異を説明できません。図表をご覧いただくと明らかですが、両方の影響がミックスした「混合差異」というものもあることに注意が必要です。

さて、物流コストの管理で差異分析が重要なのは、差異の種類によって、発生責任が異なるためです。上記の例からもわかると思いますが、物流量変動による差異は、「販売不振」といった物流部門の「外」の要因で発生することがほとんどです（もちろん、物流部門の責任で在庫が増える等のケースもあります）。そのため、差異分析によって、物流部門の責任範囲を明確化することが必要となるのです。

以上が差異分析の基本的なフレームワークです。ただし実務上、差異分析はこれで充分かというと、そうとも言えません。

例えば、以下のようなケースではいずれも物流コストは増えますね。

「総量で見ると出荷数量は同じだが、内訳を見るとピース（個品単位）出荷の比率が増えた」

「年間出荷数量は計画通りだが、気象条件の影響で出荷時期がズレてしまい、在庫が一時的に増大した」
「東日本の物流量が増え、西日本の物流量が減った結果、総量は変わらなかった」

このようなケースでは、単価差異／数量差異だけでは充分な分析はできません。より細かい物流データを整備し、解析する必要があります。物流のデータは「ビッグデータ」にもなり得ますので、分析にはそれなりの処理能力を備えたシステムが必要かもしれません。

このような分析方法はあらかじめ想定しておくことが難しい面もあり、実行段階で必要なデータを整備しながら管理を高度化していくことになるでしょう。

差異分析は、物流部門の「自己防衛」の観点からも意外と無視できない重要な論点です。分析方法をイメージしながら、予実管理の導入を検討していただきたいと思います。

図表　数量差異と単価差異の分解

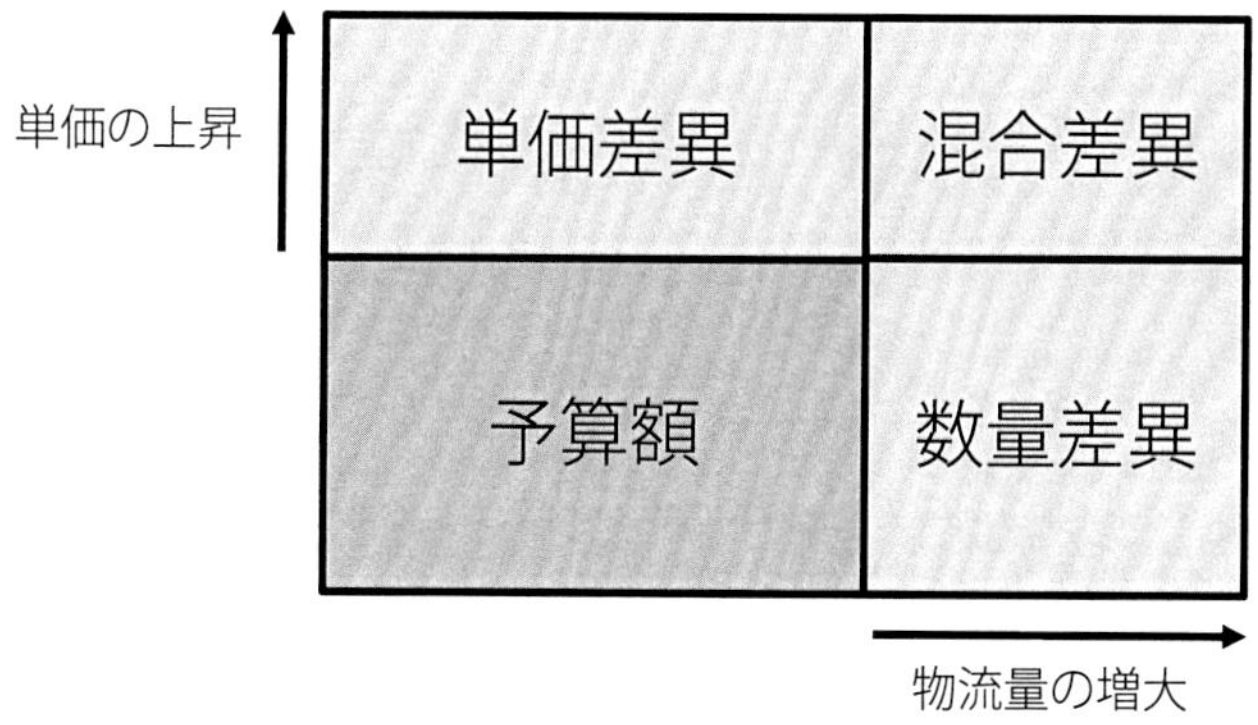

物流コスト算定のケーススタディ

1　営業マンによる自家配送を改善するケース

ケーススタディをもとに、物流コスト算定のポイントを学んでいきましょう。最初のケースは、荷主の営業マンが自社配送を行っているケースです。

ケーススタディ（A）

（1）事業内容

荷主A社は、従業員50名程度の中小規模の医療機器卸売業です。北日本の有力医大のある某都市に本社を置き、近隣の都市2カ所に営業所を置いています。これは、当該医大の出身医師が独立開業する際にA社が支援するケースがあるためです。なお、本社・営業所はいずれも賃貸です。

医療機器卸売業にもいろいろな業態がありますが、A社は小規模な診療所や福祉施設等を顧客として、医療機器・医療材料を納入しています。

（2）物流の現状

A社の顧客配送は、納品時に営業活動を行っている実態を踏まえ、営業マンが自ら営業車両で運ぶ場合がほとんどです（これを「ハンドキャリー」と言います）。輸送実態はルート配送に近く、決まった曜日に決まった顧客に配送するパターンです。通常配送で間に合わない場合には緊急配送を行いますが、通常の配送リードタイムで間に合わない程の緊急性が求められるケースはほとんどありません。

商品在庫は、本社建物内の倉庫スペースを主たる在庫拠点としているほか、2カ所の営業所内にも定番品の在庫を保有しています。この3拠点間の転送（ヨコ持ち）が発生しますが、路線便、宅配便（通常時）や軽貨物輸送（急ぎの場合）などの物流サービスを利用しています。

（3）課　題

以上のような形態で事業運営を行っているA社ですが、近年、人手不足が大きな課題となっています。というのも、商品特性上、営業マンには専門性が求められる一方、地方都市では機動的な人手の確保が難しいためです。過疎地を抱える

A社の営業エリアでは、配送自体が非効率で、長時間労働とならざるを得ないのですが、少ない営業マンに業務負荷が掛かることから社員から不満も出ている状況です。財務的にも、残業代による人件費の増大が課題となっています。

（4）改善策の立案

以上の課題を踏まえ、荷主A社では物流を外部委託に切り替えることを検討することになりました。現在は受注と物流を同じ営業マンが実施する「商物一致」の方式をとっているわけですが、今後は「商取引は自社でやるが物流は外注で」、という「商物分離」を導入しようというわけです。

なお物流を外注化するに伴い、在庫の持ち方も変える必要があります。A社では、在庫拠点も物流会社に委託することとし、本社や営業所の在庫は、一部の定番品など最小限に留めることにしました。

ただし、在庫拠点が外部化されて、手持ちの在庫量が見えなくなってしまうと営業活動に支障を来してしまいます。そのため、在庫管理システムと受発注システムを導入し、営業マンが手元の端末から在庫を見えるようにすることにしました。

改善策のポイントをまとめると次の通りです。

図表　現状と改善策のイメージ

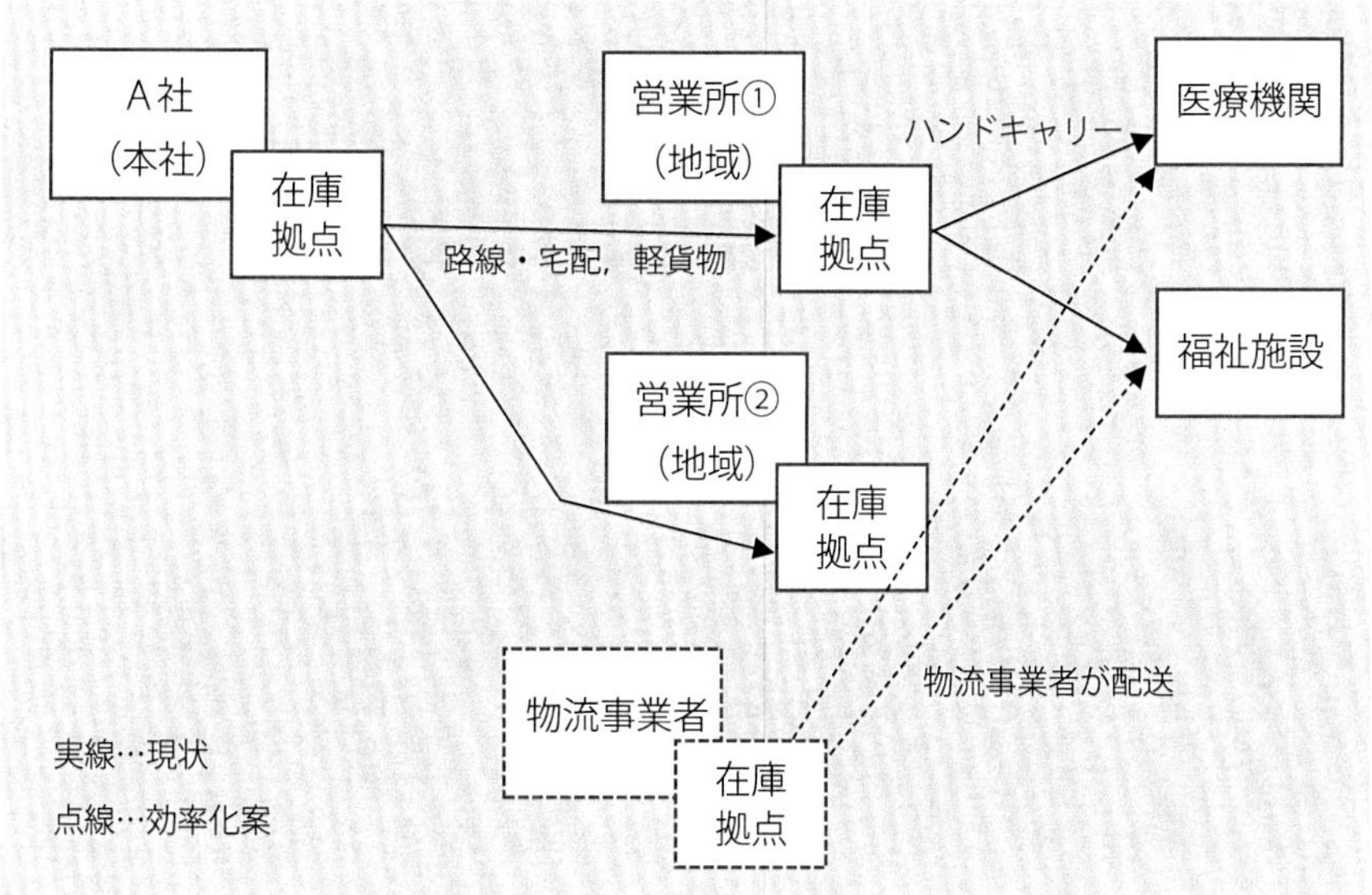

［改善策のポイント］
① 商物分離を実施し輸送は外部に委託する
② 在庫は物流事業者に持たせて営業所内の在庫を最小限とする
③ 在庫管理システム・受発注システムを導入し、在庫の見える化、受注のＩＴ化を実施する

（5） 物流コストの算定

以上のような改善策を実施に移すに当たっては具体的な検討が必要ですが、ポイントは「物流コスト削減効果」の検証です。物流コストが増大するのであれば、そもそも施策として適切とは言えないからです。

なお本来は、顧客サービスの維持などコスト以外の観点での検証も当然必要ですが、ここでは割愛することとします。

物流コスト削減効果の検証とは、端的にはBefore/Afterのコスト比較ということです。このうちAfterでは、物流事業者にアウトソーシングすることになりますので、事業者から見積を出してもらうしかありません。一方、Before、すなわち現状の物流コストは不明ですので、独自に算定してみる必要があります。

そこで、現状の物流コスト算定方法について検討することにします。なお、話を拡げると大変ですので、ここでは輸送費と保管費（荷役作業費を含まない）に絞って考えることとします。また、改善策の検証が目的ですので、直接影響を受けない範囲の物流コストまで考慮する必要はありません。ここでは影響がある範囲の物流フロー図を前ページの図の通り整理していますので、これを参考にしてください。

以上の情報をもとに、以下の表のイメージで、想定されるコストの算定方法を簡単に整理してみてください。

図表　検討フォーマット

コスト種類	コスト費目	算定方法のポイント
(1) 輸送費	①　○○の支払輸送費 ②	①　○○の費用を○○から算出する ②
(2) 保管費	① ② ③	① ② ③

物流コスト算定のケーススタディ

2　営業マンによる自家配送を改善するケース（解説）

前項で説明したケースについて、解説していきます。

（1）輸送費

図表を見ていただくと明らかな通り、輸送費は、①路線便等の支払輸送費、②ハンドキャリーで輸送する自家輸送費、の2つです。厳密に言えば、これ以外に返品輸送、調達輸送なども挙げられますが、大枠を押さえるうえで重要なのは前述の2つです。そこで、この2つについて実績値を算定する方法を考えていきます。

① 路線便等の支払輸送費

外部の運送会社に委託している費用ですので、金額は請求書を積み上げることで算定できます。年間の請求額をすべて加算しても良いですし、それが難しい場合は、イレギュラーの少ない一定の期間を取って、その間の請求額だけを調べて、年度全体に拡大しても良いでしょう。

② ハンドキャリーによる自家輸送費

前項と異なり、外部と直接おカネのやりとりが発生しませんので、やや複雑な処理が必要です。

一般に輸送原価を構成する項目としては、人件費、燃料費、車両減価償却費、修繕費等が挙げられます。トラック運送業のデータでは、このうち人件費が40％、燃料費が15％、減価償却費、修繕費がそれぞれ6％程度となっており、合計で7割程度をカバーできます。自家輸送の場合は車両の利用効率（実働率、実車率）が低く、人件費の比率が高くなる傾向があります。一般的には、上記の割合は8～9割程度に達すると考えられます。そこで、ここでは他の細かい費用は割愛することとします。

さて、燃料費、修繕費は、ガソリンスタンドや整備工場などへの支払費用として計上されます。従って、一定期間の実績額を伝票などから積み上げて算定することになります。減価償却費は、車両の購入費用を耐用年数で割って求めます。なお、財務会計では法定耐用年数（車両の場合3～5年）で償却計算しますが、法定耐用年数は短すぎますので、より実態に近い年数を各社で設定し、計算することが必要です。

最後の難関は人件費の計算です。このケースでは、営業マンが輸送業務を兼務していますので、営業マンの人件費のうち、輸送業務に費やした割合を算定することになります。

まず、営業マンの人件費の総額を、給与台帳などから算出します。この場合、給与・賞与の他に、福利厚生費、退職給与積立金等を加算することを忘れないようにしてください。

次に、「輸送業務に費やした割合」を把握します。これは正確に把握することが難しいのですが、1月など期限を区切って営業マンに日報を付けてもらうのが、現実的な手段となります。この日報から、輸送業務に従事した時間数を算出します。

この調査結果をもとに、総人件費×輸送業務割合を算定して輸送費に算入する人件費を求めます。

(2) 保管費

保管費用は、本社内の在庫拠点における保管費と、営業所内の在庫拠点における保管費です。ただし、いずれも算定のロジックは同じです。

図表　A社の現状の物流

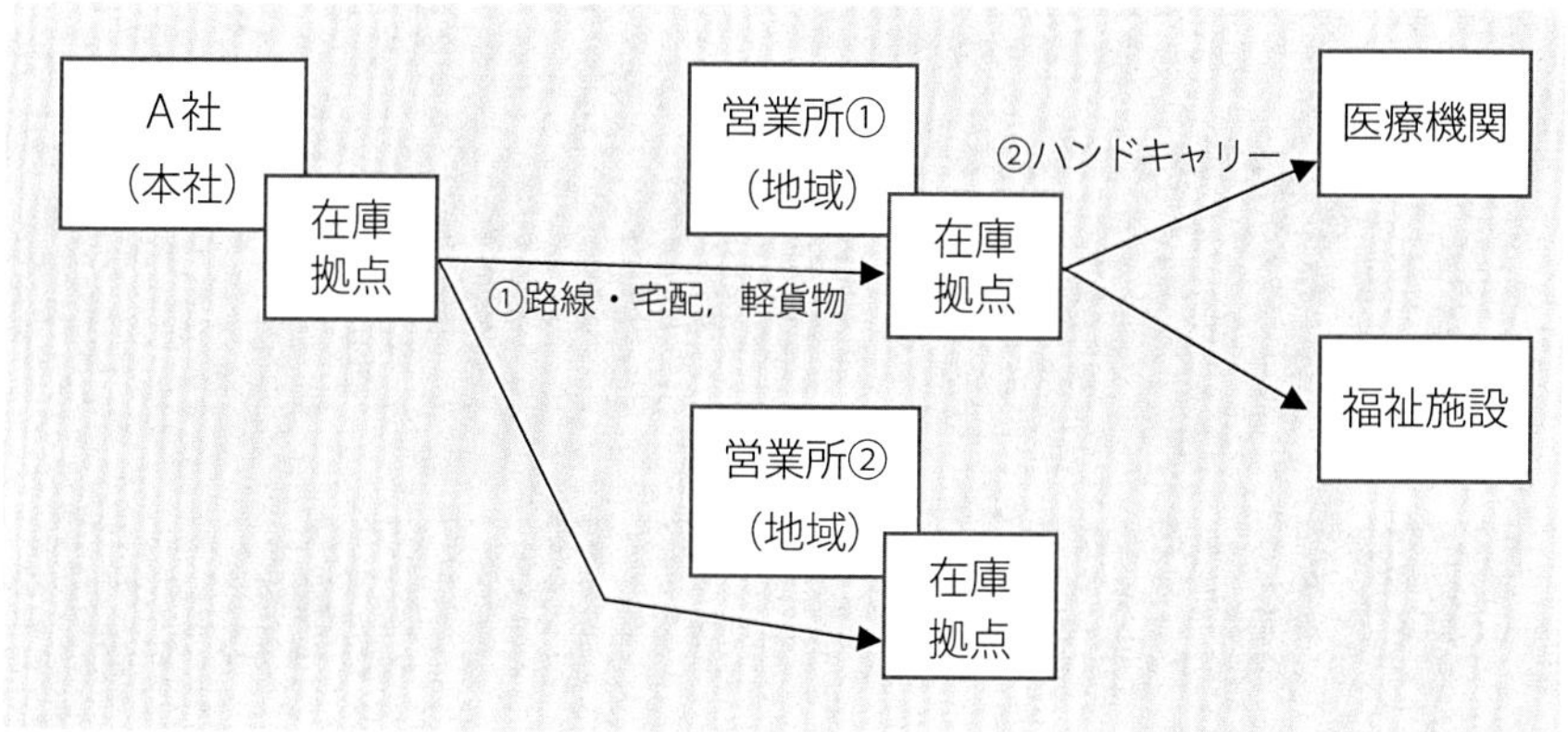

① スペース費用

事務所が賃貸なのか、自社ビルなのかによって異なりますが、この事例では賃貸ですので、事務所スペースのうち、倉庫用途に使っている面積割合を求め、賃料の該当部分を倉庫のスペース費用と見なします。

② 保管設備費

保管には棚、コンテナ、パレットラック等を利用しているはずです。これらの設備の減価償却費を算定します。また、雑費や事務用品費などで経費処理されている費用があれば、これも算定します。

③ 光熱水道費・その他

電気代（照明、空調等）、水道代などは、建物内のエリアごとに区分して把握するのは難しい場合が多いでしょう。その場合は、倉庫部分の面積割合で按分して算出することになります。

光熱水道費の他の主要な費用としては、倉庫管理システム等の情報システム費用、保険料・税（固定資産税等）等が挙げられます。これらも必要に応じて費用を算定します。

図表　検討結果の例

コスト種類	コスト費目	算定方法のポイント
(1) 輸送費	①路線便等の支払輸送費	①外部委託費用を請求書から積み上げる
	②ハンドキャリーによる自家輸送費	②人件費は営業マンの日報から輸送業務分を按分。燃料費は実績費用を算出。減価償却費等も算出する
(2) 保管費	①スペース費用	①事務所賃料のうち倉庫該当部分の割合を算出する
	②保管設備費	②棚等の減価償却費，雑費等で経費処理されている費用を算出する
	③光熱水道費・その他	③電気代等を倉庫部分の面積割合で按分する

物流コスト算定のケーススタディ

3　ミルクランによる調達輸送改善のケース

ケーススタディ（B）

（1）事業内容

B社は中堅規模の産業機械メーカーで、主力の加工組立工場は中国地方にあります。同社の主力事業は、協力会社で委託加工された部品等を自社の工場で組み立て、主に海外のユーザーに販売するといった形態です。なお、販売は貿易手続きが絡むことから、物流手配を含めて専門商社に任せている状況です。

（2）物流の現状

調達物流と販売物流に分けて現状を説明します。

まず調達物流ですが、部品、資材を協力工場、資材卸から調達しています。調達先は、細かい資材を除いて100社程度に上ります。B社では現在、調達輸送には特に関与しておらず、運賃も明示的には支払っていません。そのため正確な実態は不明ですが、現場でヒアリングしたところ、概略としては以下の通りです。

まず、海外から調達する部品等は、割合としてはそれほど多くありません。これらの物流ルートは正確には不明ですが、阪神港や関空から移入しているものが多いようです。

従って調達先の大半は国内ですが、B社は元々関西で創業した経緯から、調達先は関西に集中しています。また、部品、資材の多くが重量・容積のある機械部品や中間加工品である関係上、路線便で運べないものが大半です。そのため各調達先がそれぞれ貸切トラックを仕立ててB社工場までバラバラに運んでいます。

一方、販売物流については、上述の通り輸出がメインです。輸出入手続きを含め専門商社に任せている関係で、阪神港の近隣に置かれた商社倉庫を経由して輸出されます。中国地方の工場から商社倉庫までは、商社系フォワーダが手配する10トン車で輸送しています。運賃は、商社から他の輸出入関連の費用とまとめて請求されます。

（3）課　題

調達先である協力工場等によると、中国地方の取引先は少ないことから、B社向けの貨物だけを低い積載率で運んでいる場合が多いとのことです。関西から中国地方の工場までは片道で300km程度ですが、復路の荷物が充分に確保できず、「帰りはカラ」という片荷運行が多いことも課題です。

これらの事情から、調達輸送が高コストになっている懸念があります。また、近年はトラック確保が難しい状況であり、比較的規模の小さい協力工場等が、将来も輸送手段を安定的に確保することができるかどうか、についても懸念材料となっています。

（4）改善策の立案

以上の課題を踏まえ、B社では、調達輸送をミルクラン（巡回集荷、又は取りに行く物流）に切り替える物流効率化策を検討することにしました。実際の集荷は関西地区の物流事業者に委託することとし、物流事業者が集荷した貨物を、工場まで定期便で輸送します。また、調達輸送で利用したトラックの帰り便で、関西に向かう輸出用製品を輸送することとし、往復でのラウンド運行を実施します。

図表　現状と改善策のイメージ

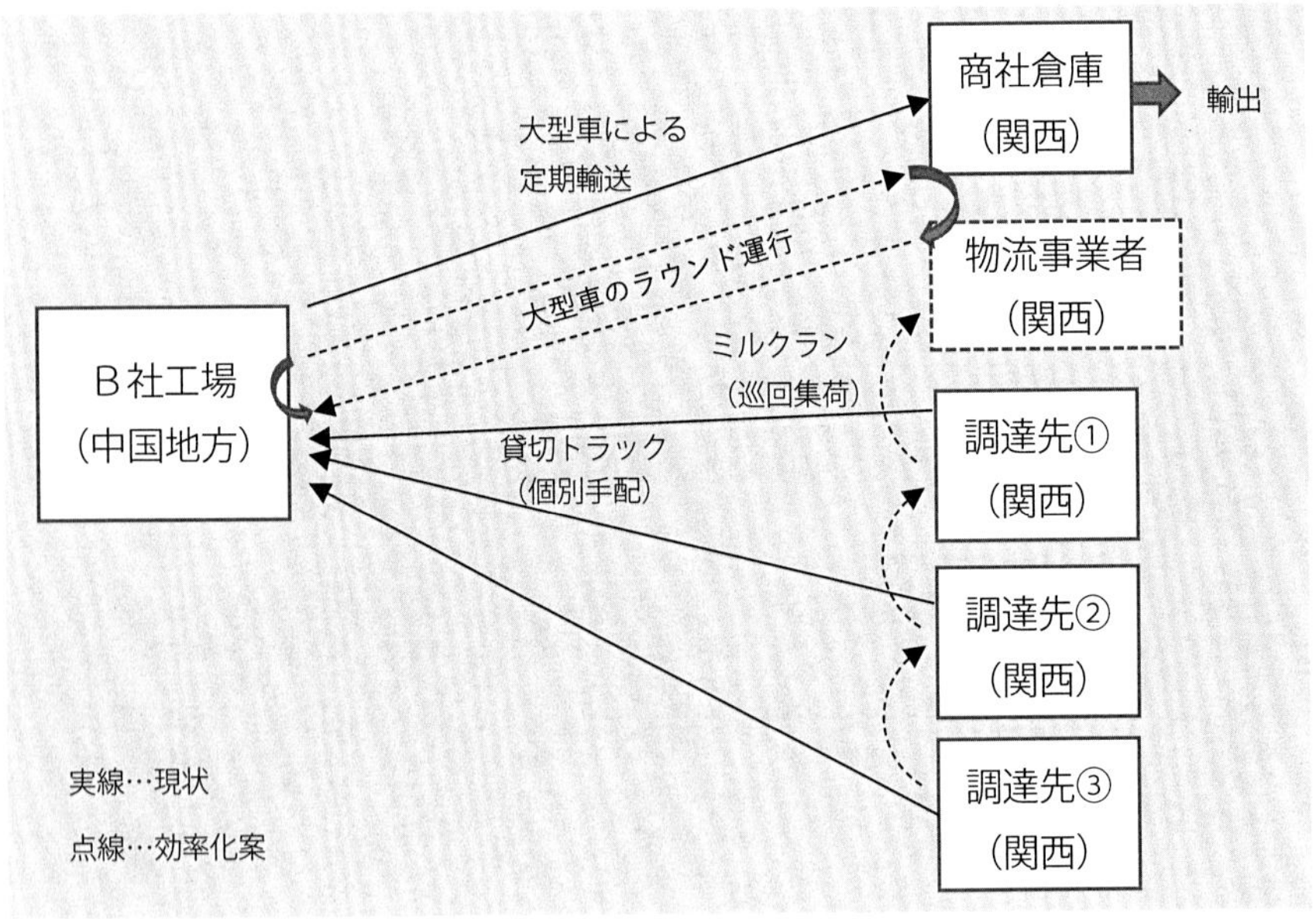

［改善策のポイント］

①　調達輸送についてミルクランを導入します。関西地区の物流会社を起用し、関西エリア内での集荷輸送を行います。

②　関西～中国間は大型車（10トンなど）による定期輸送とします。

③　定期輸送の帰り便は、商社倉庫への出荷輸送に利用します。

（5）物流コストの算定

この施策の有効性を検証するため、Before/After の物流コストを比較することにします。After については、前のケースと同様、物流事業者等に見積をもらうこととし、ここでは Before、すなわち現状の物流コストを算定することにします。なお、議論を単純化するため、検討対象は輸送費だけに限定します。対象となる輸送の範囲は、前ページの図に記載した通りです。これをもとに、前のケースと同様、フォーマットに従って物流コスト算定方法を検討して見てください。

図表　検討フォーマット

コスト種類	コスト費目	算定方法のポイント
(1) 輸送費	①　○○の輸送費 ②	①　○○の費用を○○から算出する ②

物流コスト算定のケーススタディ

4 ミルクランによる調達輸送改善のケース（解説）

前項で説明したケースについて、解説していきます。前述のとおり、ここでは輸送費のみを検討します。

（1） 輸送費

Before、すなわち現状の輸送費としては、図表から明らかな通り、①輸出向け（商社倉庫向け）の販売輸送費と、②調達先が手配する調達輸送費、の2つになります。

① 輸出向けの販売輸送費

具体的には、中国地方のB社工場から、関西地方の商社倉庫に向かう輸送費です。

ケースの説明に記載した通り、輸送費は他の輸出入関連の費用とまとめて、商社から請求されます。このようなケースでは請求書の明細としてトラック運賃等の内訳が記載されることが一般的です。従って、まずは明細書の運賃額を把握するのが最初のステップです。便数、車格（4トン車か10トン車か）等の基本情報も同時に把握できればベターです。

ただし、明細の運賃額を合算するだけで正確なコストを把握できるとは限りません。というのも、荷主への運賃請求額と、下請けへの外注額（実勢価格）との差益を利益源としている企業がまま見られるためです。

いずれにせよ、ここで把握すべきなのは「実勢価格」ですので、明細書の記載金額が実勢価格とかい離していないか、チェックする必要があります。10トン車の運賃はある程度市場価格が形成されていますので、事業者にヒアリングすれば、概ね把握できるはずです。

② 調達先が手配する調達輸送費

部品、資材の調達先が、それぞれ手配して運行しているトラック輸送の輸送費です。この費用は、着荷主であるB社側には把握不能です。というのも、重量や車格程度は着荷主側でも把握できますが、輸送条件を把握することは不可能だからです。

従って、調達輸送費把握のためには、発荷主＝調達先にデータ提供を依頼することが必要です。

ここで問題となるのは、データ提供に当たって、どのように調達先の協力を得るか、です。進め方を間違えると大きな反発を招く可能性もあります。調達先に一方的にデータ提供を求めるのではなく、調達先が抱くであろう様々な懸念を想定して説明を尽くす必要があります。

ミルクランに際し、調達先が懸念する第一の問題は、「値下げ要請」です。輸送をミルクランに切り替えるということは、調達輸送費相当の値下げを要請することと不可分です。これは調達先に疑念を生じる恐れがあります。このほかに、調達先が物流子会社を抱えている場合など、既存の取引先の処遇も問題となり得ます。また、引き取り物流への切り替えに伴い、出荷倉庫のオペレーションが複雑化するといった現場レベルの問題もあります。更に言えば、輸送途上で事故が起きたり、納期が遅延した場合の「リスク負担」の問題も無視できません。

検討の初期段階でそこまで細かい検討をする必要があるとは言えませんが、以上のような懸念が生じるであろうことは、あらかじめ想定したうえで丁寧に説明し、対処することが望ましいでしょう。

図表　B社の現状の物流

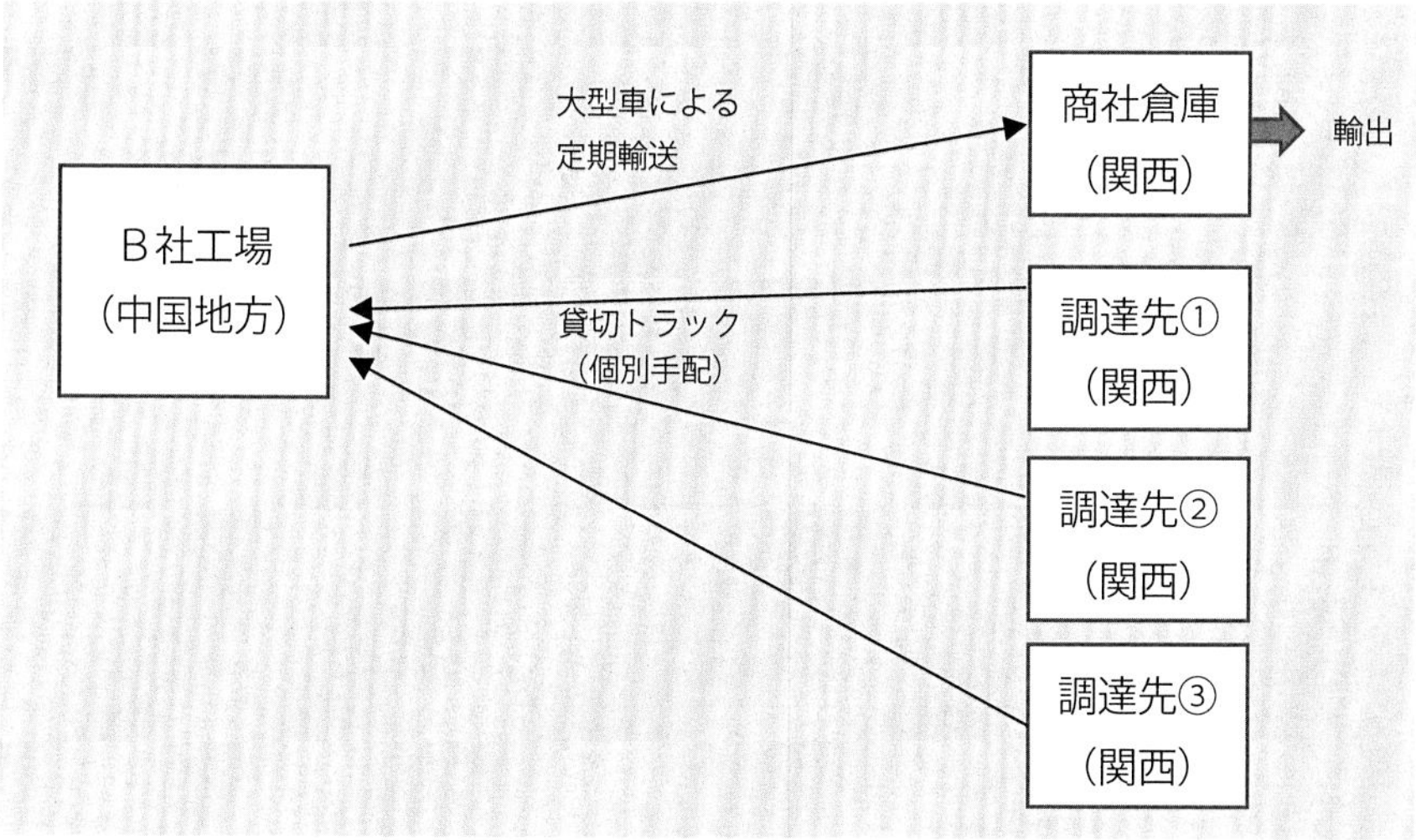

図表　検討結果の例

コスト種類	コスト費目	算定方法のポイント
(1) 輸送費	①輸出向けの販売輸送費	①商社の明細書から当該運賃を把握。ただし請求額は，実勢運賃とかい離している可能性があるため，実勢運賃ベースで費用を推定する。
	②調達先が手配する調達輸送費	②調達先に，データ提供を依頼。具体的にはアンケート方式などで，一定期間のB社向け輸送費について，回答を求める。

この章のまとめ

1 物流コスト算定は管理会計の領域であり、各社における事情を考慮して、官庁のガイドラインに基づく本式の手法から簡便法まで、適切な算定手法を選ぶことができます。

2 算定された物流コストは、予算・実績管理などの企業内コスト管理に利用されます。

3 物流コスト算定はかなりの手間がかかる作業であり、算定作業に入るまえに、あらかじめ自社算定目的を明確化することが必要です。

4 物流コスト算定にはまず、自社の物流実態を把握することが必要です。

第 5 章

物流コスト管理のためのフォーマット

【この章のねらい】

第５章は，物流コストの算定方法を，フォーマット等の図によってビジュアルに説明していきます。読者の皆さんは，物流コストの算定方法を本章で改めて確認していただくとともに，算定フォーマットとして社内で活用いただければ幸いです。

なお本章は１節と２節に分かれます。１節では，第４章で詳しく紹介した，本式とも言える標準的な算定方法を踏まえて説明します。物流コストを正確に把握するという意味では，ここで紹介するような方式でコスト算定を進めていただくことがベターですが，各社のリソースによっては，「そこまで手間を掛けられない」という場合もあるでしょう。そのようなケースを想定し，第２節では「簡便法」の１つの方式をご紹介します。第１節の「本式」が難しい場合は，第２節の「簡便法」を試してみてください。

なお，簡便法はいろいろなレベル・手法があります。４－１－５，４－１－６項で紹介していますので，こちらもご参照ください。

第1節 標準的な物流コスト算定

1 標準的な算定フローと集計フォーマット

物流コストを算定し、集計フォーマット上に整理するフローを次ページに図示しました。

算定のプロセスは、4章の各項（図表上に記載しています）で整理していますので、詳しくは該当する項目を参照してください。ここでは、図下段の集計フォーマットについて、簡単に補足を行います。

（1）集計の区分

物流コストの分類方法には、「機能別」「支払形態別」「領域別」「変動費・固定費別」といった区分があります（第2章で説明した通りです）。これらすべての区分で集計を行うと、「4機能×3支払い形態×・・」というように、区分数が膨大になってしまいますので、集計は、これらのうち自社で必要な区分により行えば充分です。ただし、一般的には、機能別と支払形態別での区分は必要となります。なぜなら、「輸送費」と「保管費」といった機能が異なるものをごちゃ混ぜに管理することはできないからです。また、「外部への支払いか自家か」といった支払形態が異なるものは、集計のプロセスが異なりますので、自然と分類されてくることになります。

（2）機能別の分類方法

フォーマットは、通産省「物流コスト算定活用マニュアル」を参考に5区分で記載していますが、分類は実務上の必要性に応じて選択していただければ大丈夫です。ピッキング等の作業が少ない業種であれば「荷役コスト」は割愛できるでしょうし、パソコンの組み立て等の作業が多い業種であれば「流通加工コスト」を別建てとすべきかもしれません。この点はケース・バイ・ケースです。

（3）支払形態別の分類方法

「支払物流費」とは外部の物流事業者等に委託する費用で

す。一方、「自家物流費」とは自社のアセット、人員等で実施する場合の費用です。詳しくは、3章4節をご参照ください。

昨今は物流アウトソーシングが進展しているため、自家物流費はほとんど発生しない企業が大半です。従って、一般論として言えば自家物流費を細かく区分して管理する必要性は、ほとんど無いと言えます。

自家物流費の区分も様々ですが、JILSの物流コスト調査では、「物流人件費」「物流施設費」「減価償却費」の3つに区分しています（在庫維持（保有）費用については後述します）。

なお、昨今では物流アウトソーシングの形態が複雑化しており、「自家」か「支払」か、といった区分が難しいケースがあります。例えば、「外部の不動産を借りて、機械設備を自社で用意し、梱包業者に作業だけを委託する」といった場合です。このようなケースもありますので、分類はザックリに留め、あまり細かく分類することは避けた方が無難かと思います。

（4）在庫維持費用といった、機会費用・機会損失等の扱い

自家物流費にせよ支払物流費にせよ、費用・損失の発生自体は財務会計から認識されるものが大半です。

一方、財務会計上は、必ずしも費用または損失として認識されないタイプの物流コストがあり、代表格が「在庫維持費用」です。在庫維持費用の詳細は、2－1－2項を参照していただきたいですが、在庫維持費用には、「在庫金利」「陳腐化費用」といった費用が含まれます。在庫金利は、「在庫を保有することに伴う金利」で、これは機会費用としての性質を有します（現金が在庫に拘束され、運用できないといった主旨です）。「陳腐化費用」は、「将来時点で生じうる評価損・廃棄損」を含みますので、同様に財務会計上は認識されないタイプの費用です。

JILSの物流コスト調査では、期末在庫金額×10％を在庫保有費用として計上することとしており、調査に回答するうえではそのように記載していただくと良いと思いますが、社内の管理会計上、どのように費用計上するか（しないか）は別の議論が必要です。この点は正解がない問題ですが、在庫保有費用を算出・管理している日本企業は、ほとんど存在しないのが実態です。

物流実態の把握［4－2－2 項］

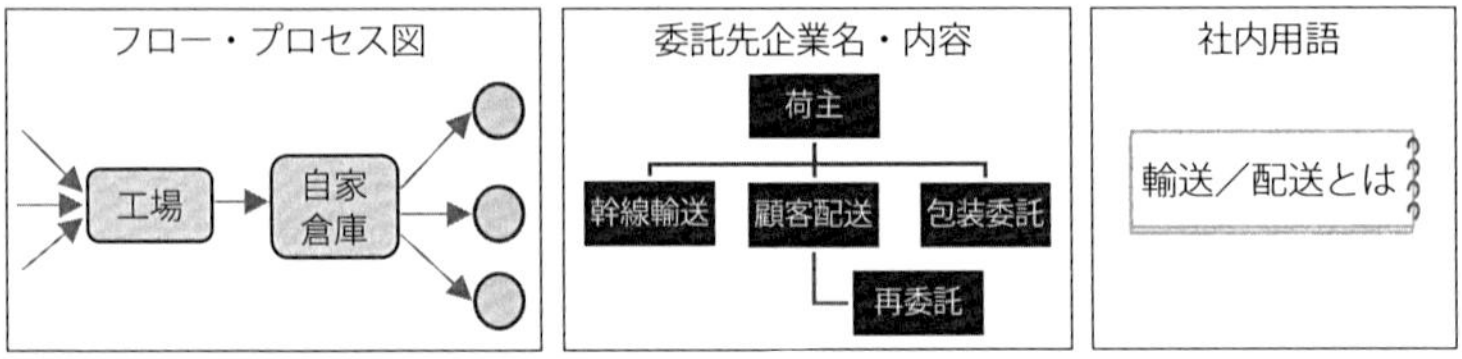

物流コスト項目把握［4－2－3 項］

	費用項目
輸送	①支払運賃（幹線輸送） ②支払運賃（顧客配送）
保管	③減価償却費 ④水道光熱費 ⑤人件費（社員） ⑥人件費（アルバイト） ⑦消耗品費 ⑧固定資産税
包装	⑨梱包委託費
その他	

財務項目とのヒモ付け［4－2－4 項］

財務項目	具体的内容
①製造原価／経費　に計上 ②販管費／荷造運賃　〃	①○○運送に翌月 15 日付で支払い ②○○ロジに翌月 15 日付で支払い
③販管費／減価償却費　〃 ④販管費／水道光熱費　〃 ⑤販管費／給与賞与・福利厚生費・退職給与積立金 ⑥販管費／雑給・福利厚生費 ⑦販管費／消耗品費　〃 ⑧販管費／租税公課　〃	③建物○千万円，設備○千万円 ④電気，水道，ガスを個別請求 ⑤社員○名（うち○名は工場と兼務） ⑥アルバイト約○名 ⑦荷役用品・ラベル・ラップ等 ⑧土地建物，設備
⑨販管費／支払手数料	⑨○○梱包に翌月15日付で支払い

データ収集

支払運賃＝XX 円

按分・配賦［4－2－5，4－2－6 項］

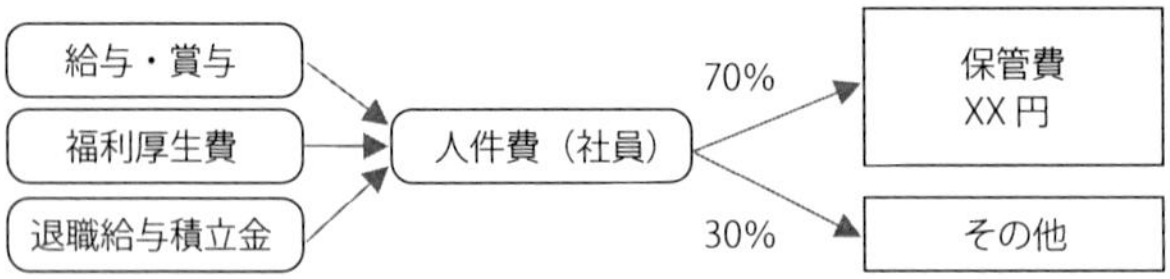

集計

集計フォーマット

支払形態／機能	支払物流費	自家物流費				合計
		物流人件費	物流施設費	減価償却費	在庫維持（保有）費用	
輸送費	円	円	円	円		円
保管費	円	円	円	円	円	円
包装費	円	円	円	円		円
荷役費	円	円	円	円		円
物流管理費	円	円	円	円		円
合計	円	円	円	円		円

資料：上記の集計フォーマットは，通産省「物流コスト算定活用マニュアル」の記述および，JILS「物流コスト調査報告書」のフォーマットを一部改変し作成した。

1 簡便法フォーマット

単位：千円／月間

数量	金額	物流機能別構成比率
人		
人		
人		
人		
人		
台		
台		
㎡		
%		

項目	自家 物流費	支払 物流費	費目	計算基礎
人件費	○		①管理者	千円／月
	○		②社員（物流）	千円／月
	○		③社員（物流事務）	千円／月
	○		④社員（営業）	千円／月
	○		⑤パート・アルバイト	千円／月
			小計	
配送費		○	⑥支払運賃	千円／月
	○		⑦車両費	千円／月
	○		⑧車両維持費	千円／月
			小計	
保管費（流通加工費を含む）		○	⑨支払保管費	千円／月
		○	⑩支払作業費	千円／月
	○		⑪自家倉庫費	千円／月
	○		⑫水道光熱費	千円／月
	○		⑬倉庫内機器	千円／月
			小計	
情報処理費	○		⑭情報機器費	千円／月
	○		⑮消耗品費	千円／月
	○		⑯通信費	千円／月
			小計	
その他			⑰事務所費	千円／月
			トータル物流コスト	
管理指標			売上高	千円／月
			物流コスト比率	

2 簡便法フォーマット解説

簡便法による物流コスト算定について説明します。前ページの簡便法の表を見ながらお読みください。簡便法は、「わかりやすい物流コスト算定マニュアル」（中小企業庁）をさらに簡素化したフォーマットです。貴社の販売物流費を把握するのに活用いただけると思います。

簡便法では、項目を、人件費、配送費、保管費、情報処理費、その他にしています。表の左から2・3列目に自家物流費と支払物流費とあります。支払物流費に○がついているところは、物流会社等からの請求書を見れば記入できると思います。自家物流費については、経理部等から情報をもらわないといけないところもあります。具体的な記入方法を説明します。

【人件費】人件費は、物流部や物流センターの管理者、事務職、現場で働いている作業員、パート、ドライバー等の人件費です。計算基礎には、一人あたりの月額費用を記入します。月給、年間賞与を12で割った1カ月分の賞与、法定福利費、通勤手当等、1カ月間発生する人件費を記入します。数量には、その人数を書きます。例えば、物流センターの管理者が1名の場合、1と書きます。物流部長が、総務部長を兼任されている場合は、例えば0・5人と書きます。パート等は一人あたりの月額給与はバラバラでしょうから、計算基礎は記入せず、数量とその総額を記入します。

また、①②③④など社員の計算基礎（月額費用）を個別に知ることが職位等の関係で権限がない場合は、物流担当の全社員の月額費用の総額を人事部等に確認して金額の欄に記入しても良いです。

【配送費】⑥支払運賃は、運送会社や物流会社からの請求書の運賃の合計を金額の欄に記入します。自社でトラック等を持ち自家配送している場合は、⑦車両費は、車両の減価償却費やリース代を計算基礎に、使用している台数を数量に記入します。⑧車両維持費は、その車両の1カ月の、ガソリン代、ガレージ代、高速代、保険料などを計算基礎に、台数を数量に記入、合計金額を金額欄に記入します。

【保管費】倉庫会社や物流会社に委託している場合は、請求書から⑨支払保管費、⑩支払作業費の合計を金額欄に記入します。自社で倉庫や物流センターに所有している場合は、自家倉庫費⑫水道光熱費⑬倉庫内機器に記入していきます。⑪自家倉庫費は、物流センター等の固定資産税や減価償却費の1カ月あたりの金額を記入します。工場敷地内に併設された物流センターの場合、工場敷地全体の固定資産税から、物流センターで使用している面積で按分して金額欄に記入します。⑫水道光熱費は、物流センターの水道光熱費を記入します。工場に併設されて工場全体の水道光熱費しかわからない場合は、物流センターで使用している面積や人数で按分して金額欄に記入します。⑬倉庫内機器は物流センターで使用しているフォークリフトや物流機器のリース代や減価償却費の総額を金額欄に記入します。

【情報処理費】

⑭情報機器費は物流部や物流センターで使用している、パソコンなどの情報機器の月額のリース代等の総額、⑮消耗品費は、パソコンなどの消耗品の金額、⑯通信費は、物流部や物流センターで使用しているインターネット、電話、携帯電話などの総額を記入してください。

【その他】その他の項目としては、物流部の事務所の家賃などを記入してください。

【応用編】簡便法はあくまでも簡便に物流コストを算定するものです。この表には、包装費はありませんが、包装費（段ボールやパレットの費用）の項目を加えていただいても良いです。それ以外にも、自社独自に項目を追加していただいてもかまいません。例えば、人件費の部分、事務員、ドライバー、作業員などの月額給与が大きく違う場合は、ドライバー職、作業員、などの項目を加えてください。また、車両費や車両維持費について、４ｔと10ｔのトラックを所有している場合は、車両費１（４ｔ）、車両費２（10ｔ）というように項目を加えてください。

営業の社員がライトバンで納品を行っている場合、人件費や車両費・車両維持費は、営業社員が物流の仕事に携わっている割合で按分します。例えば20人の営業社員がいて、その仕事のうち約20パーセントが納品などの物流業務の場合、数量の欄には４人（20人の20％）というふうに記入します。

簡便法による物流コスト算定は、物流部門等が全体を取りまとめて記入すると良いでしょう。また、本社物流部、関東物流センター、関西物流センターなど各拠点でそれぞれ計算したものを、本社で合計する方法もあります。簡便法を利用することで、支払物流費だけでなく自家物流費も含めた物流費を算定することが可能になります。

3 簡便法　練習問題

次ページの「練習問題フォーマット」をコピーしていただき、次の算定資料をもとに、A社の月間の物流コストを算定してください。

＜A社の概要＞

A社（本社：大阪）は医薬品卸売業で、年商は約44億円、従業員は約80名。

A社は、本社、物流センター（大阪）、京都営業所の3拠点がある。

【本社】役員、管理部門、営業部の3部署から構成されている。

本社営業部はドラッグストアなどチェーンストアへの営業を行っている（営業担当は納品業務は行わない）

【物流センター】顧客（主にドラッグストアなど小売店）と京都営業所への物流業務を行っている。

【京都営業所】顧客（病院、医院、調剤薬局など）への営業・納品を行っている。

＜A社の物流の概要＞

【物流センター】

・小売店、および京都営業所への出荷、商品の入荷、在庫管理、返品処理を行う

・センター長1名、社員16名、事務員2名、パート社員4名、および納品用トラック3台

・月額費用はセンター長500,000円、社員330,000円、事務員220,000円、パート社員は総額448,000円（正社員は年間賞与の1カ月分、法定福利費等含んだ額）

・車両費は一台あたり月額50,000円、車両維持費は一台あたり月額10,000円、その他、運送会社に支払っている運賃が月額622,000円

・物流センターは自社物件で、固定資産税や減価償却費等を含め月額2,241,000円、水道光熱費160,000円、倉庫内の物流機器のリース費用が月額50,000円である。

・その他、情報機器のリース代が月額72,000円、消耗

品費が月額４２、０００円、通信費が月額２７１、０００円

【京都営業所】

・所長１名、社員（物流担当２名）、社員（営業担当21名）、パート社員（物流担当６名）、営業兼納品に使用している車両（ライトバン）14台

・所長の仕事のうち50％は物流センターへの出荷指示、営業所の在庫管理など物流業務である。

・営業担当社員の仕事のうち、20％は納品等の物流業務である。

・月額費用は所長５００、０００円、営業担当社員３３６、０００円、物流担当社員３３０、０００円、パート社員（物流担当６名）は総額で７２４、０００円。所長は50％、営業社員は20％を物流人件費とみなす。

・宅配便や緊急出荷の際の軽トラック便など、運送会社への月額の支払運賃は１７０、０００円

・車両（ライトバン）の車両費は一台あたり月額２０、０００円、車両維持費は一台あたり月額１５、０００円、このうち、20％を物流費とみなす。

・営業所の約半分を倉庫として使用しているため、家賃の６４０、０００円のうち50％を物流費とみなす。

・営業所の水道光熱費のうち、３０、０００円を物流費とみなす。

・営業所の倉庫で利用している物流機器のリース代は、月額４、０００円

・その他、物流業務で使用している費用は、情報機器費が月額３１３、０００円、消耗品費が月額９１、０００円、通信費が３２３、０００円

図表

	物流センター	京都営業所	
センター長・所長	1	1	営業所長の 50%を物流費とみなす
社員（物流担当）	16	2	
社員（物流事務）	2		
社員（営業担当）		21	営業社員の 20%を物流費とみなす
パート社員（物流）	4	6	
車両	3	14	営業所の車両 20%を物流費とみなす

	京都営業所		
	計算基礎	数量	金額
	千円／月	人	
	千円／月	人	
	千円／月	人	
	千円／月	人	
	千円／月	人	
	千円／月		
	千円／月	台	
	千円／月	台	
	千円／月		
	千円／月		
	千円／月		
	千円／月		
	千円／月		
	千円／月	㎡	
	千円／月		
		%	

単位：千円／月間		物流センター		
項目	費目	計算基礎	数量	金額
人件費	①管理者	千円／月	人	
	②社員（物流）	千円／月	人	
	③社員（物流事務）	千円／月	人	
	④社員（営業）	千円／月	人	
	⑤パート・アルバイト	千円／月	人	
	小計			
配送費	⑥支払運賃	千円／月		
	⑦車両費	千円／月	台	
	⑧車両維持費	千円／月	台	
	小計			
保管費（流通加工費を含む）	⑨支払保管費	千円／月		
	⑩支払作業費	千円／月		
	⑪自家倉庫費	千円／月		
	⑫水道光熱費	千円／月		
	⑬倉庫内機器	千円／月		
	小計			
情報処理費	⑭情報機器費			
	⑮消耗品費			
	⑯通信費			
	小計			
その他	⑰事務所費	千円／月	㎡	
	トータル物流コスト			
管理指標	⑳売上高	千円／月		
	物流コスト比率		%	

	京都営業所		
	計算基礎	数量	金額
500千円	500千円／月	(1人×50%) 0.5人	250千円
5,280千円	330千円／月	2人	660千円
440千円	千円／月	人	
	336千円／月	(21人×20%) 4.2人	1,411千円
448千円	千円／月	6人	724千円
6,668千円			3,045千円
622千円	千円／月		170千円
150千円	20千円／月	(14台×20%) 2.8台	56千円
30千円	15千円／月	(14台×20%) 2.8台	42千円
802千円			268千円
	640千円／月	(内50%を使用)	320千円
	千円／月		
2,241千円	千円／月		
160千円	千円／月		30千円
50千円	千円／月		4千円
2,451千円			354千円
72千円			313千円
42千円			91千円
271千円			323千円
385千円			727千円
	千円／月	㎡	
10,306千円			4,394千円
	千円／月		
		%	

94千円（京都営業所）＝　14,700千円と算定

単位：千円／月間		物流センター		
項目	費目	計算基礎	数量	金額
人件費	①管理者	500千円／月	1人	
	②社員（物流）	330千円／月	16人	
	③社員（物流事務）	220千円／月	2人	
	④社員（営業）	千円／月	人	
	⑤パート・アルバイト	千円／月	4人	
	小計			
配送費	⑥支払運賃	千円／月		
	⑦車両費	50千円／月	3台	
	⑧車両維持費	10千円／月	3台	
	小計			
保管費（流通加工費を含む）	⑨支払保管費	千円／月		
	⑩支払作業費	千円／月		
	⑪自家倉庫費	千円／月		
	⑫水道光熱費	千円／月		
	⑬倉庫内機器	千円／月		
	小計			
情報処理費	⑭情報機器費	千円／月		
	⑮消耗品費	千円／月		
	⑯通信費	千円／月		
	小計			
その他	⑰事務所費	千円／月	㎡	
	トータル物流コスト			
管理指標	⑳売上高	千円／月		
	物流コスト比率		%	

A社の月間の物流コストは，10,306千円（物流センター）＋4,3

4 受注関連の簡便法フォーマットと原価計算上の留意点

受注に関連するコストを簡便法で算定してみましょう。

通販事業では、物流だけでなく受注などの機能も含めてフルフィルメント・センターとして運営している場合があります。受注に関連するコストは厳密には物流コストの対象外ではありますが、ここでは受注コスト把握の簡便法および留意点について説明します。

受注関連の原価項目は、簡便法のフォーマットを適用可能です。運送と保管の原価項目を除き、経費を一部追加すれば左ページの図表の通り、受注コストの簡便法フォーマットとして活用できます。具体的な記入方法は次の通りです。

【人件費】

人件費は、受注部門・受注センターの管理者と担当者の人件費を集計します。簡便法で説明した通り、正社員、契約社員、派遣社員等の種別ごとに月平均の人件費を算出して人数を掛けても、発生している実額を計上してもどちらでも構いません。

【経費】

⑥水道光熱費、⑦通信費、⑫事務所費は、受注センターに関する費用を記入します。物流センターや本社に併設されていて全体の費用しかわからない場合は、受注センターで使用している面積や人数で按分して金額欄に記入します。⑧機器・備品は、受注センターで使用しているサーバーやPCなどの事務機器と消耗品とならない備品のリース代や減価償却費の総額を金額欄に記入します。⑨消耗品費は、パソコンやプリンターなどの消耗品の使用を記入します。⑩支払手数料は、ポータルサイトからの受注や各種データ入手のために支払う手数料を記入してください。⑪その他経費には、⑥から⑩で説明した以外に発生する経費を記入してください。

受注コストを把握する上での留意点としては、物流センター同様に、受注センターが他の施設に併設されている場合に、各費目の使用分を按分する必要があることが挙げられます。担当者が他部門と兼務の場合は、日報調査等を1週間程度実施して、業務時間比率で按分すればよいでしょう。次に、トータルの受注コストが算出できたら、オンライン、FAX、電話、他社サイトなどの受注方法別に費用を按分して、受注1件あたり、1行あたりなどの単価を算出しましょう。最近はオンラインでの受注が大半となってきましたが、FAXや電話での受注はオンラインでの受注単価と桁が違うことを改めて認識できるはずです。また、オンライン受注でも、自社サイト以外での受注には手数料が発生することから、売り上げ拡大のために正しい意思決定を行うためにも、チャネル別の受注単価を把握しておくことが極めて重要です。

図表　受注コストの簡便法フォーマット

単位：千円／月間

項目	費目	計算基礎	数量	金額	機能別構成比率
人件費	①管理者	千円／月	人		
	②正社員	千円／月	人		
	③契約社員	千円／月	人		
	④派遣社員	千円／月	人		
	⑤パート・アルバイト	千円／月	人		
	小計				%
経費	⑥水道光熱費	千円／月			
	⑦通信費	千円／月			
	⑧機器・備品	千円／月			
	⑨消耗品費	千円／月			
	⑩支払手数料	千円／月			
	⑪その他経費				
	⑫事務所費				%
	トータル受注コスト			千円	100%
管理指標	売上高	千円／月		千円	
	受注コスト比率				%

この章のまとめ

1 4章までの物流コスト算定手法をおさらいし、具体的な算定フローを確認します。

2 ケーススタディをもとに、算定プロセス、算定方法を読者に考えていただきます。

3 標準的な算定法が難しい場合を想定し、簡便法の算定方法についても学んでいただきます。

4 簡便法についても、ケーススタディをもとに理解を深めていただきます。

1 物流コスト削減策のこれまでの流れ

本書は「物流コスト管理」をテーマとしていますので、コスト削減については主題としては取り上げていませんが、本項では全体への補足として、コスト削減策の基本的な考え方について、特にDX等の物流に与える影響を踏まえてご紹介したいと思います。なお、近年は運賃値上がり等の影響で「コスト削減」というよりも「コストを上げない」ほうが現実的ですので、「コスト削減またはコスト上昇の抑制策」とでも言うべきですが、ここではわかりやすいよう、「コスト削減」で統一することとします。

（1）コスト削減策をどのように企画・立案するか

物流という、非常に幅の広い領域を対象とするコスト削減策ですので、その内容は多岐にわたります。多くの企業ではボトムアップでコスト削減の企画・立案を行っていますが、上がってくるアイデアは、容易には分類できないほど多様性に富んだ内容となります。このような複雑な問題に対し、物流担当者としては、どのようにコスト削減策を企画・立案するのが効率的でしょうか？

まず、コスト削減にはある程度、定石とも言える手法があります。例えば「入札の実施」「配車計画の最適化」「委託契約の形態見直し」などが挙げられます。これは物流管理の基礎知識とも言えますので、是非、「物流コスト削減」をテーマとしたセミナーに参加したり、専門書籍（注1）を読んだりして学んでいただきたいと思います。

ただ、これら「定石的手法」はすでに実行に移されている場合が多いと思います。実際にこれから改善に取り組む場合には、定石にとらわれず、その他の多様なアイデアを積み重ねることが必要です。

その意味で重要なのが、他社事例の把握です。ＪＩＬＳが主催する「改善事例大会」というイベントがあるのですが、

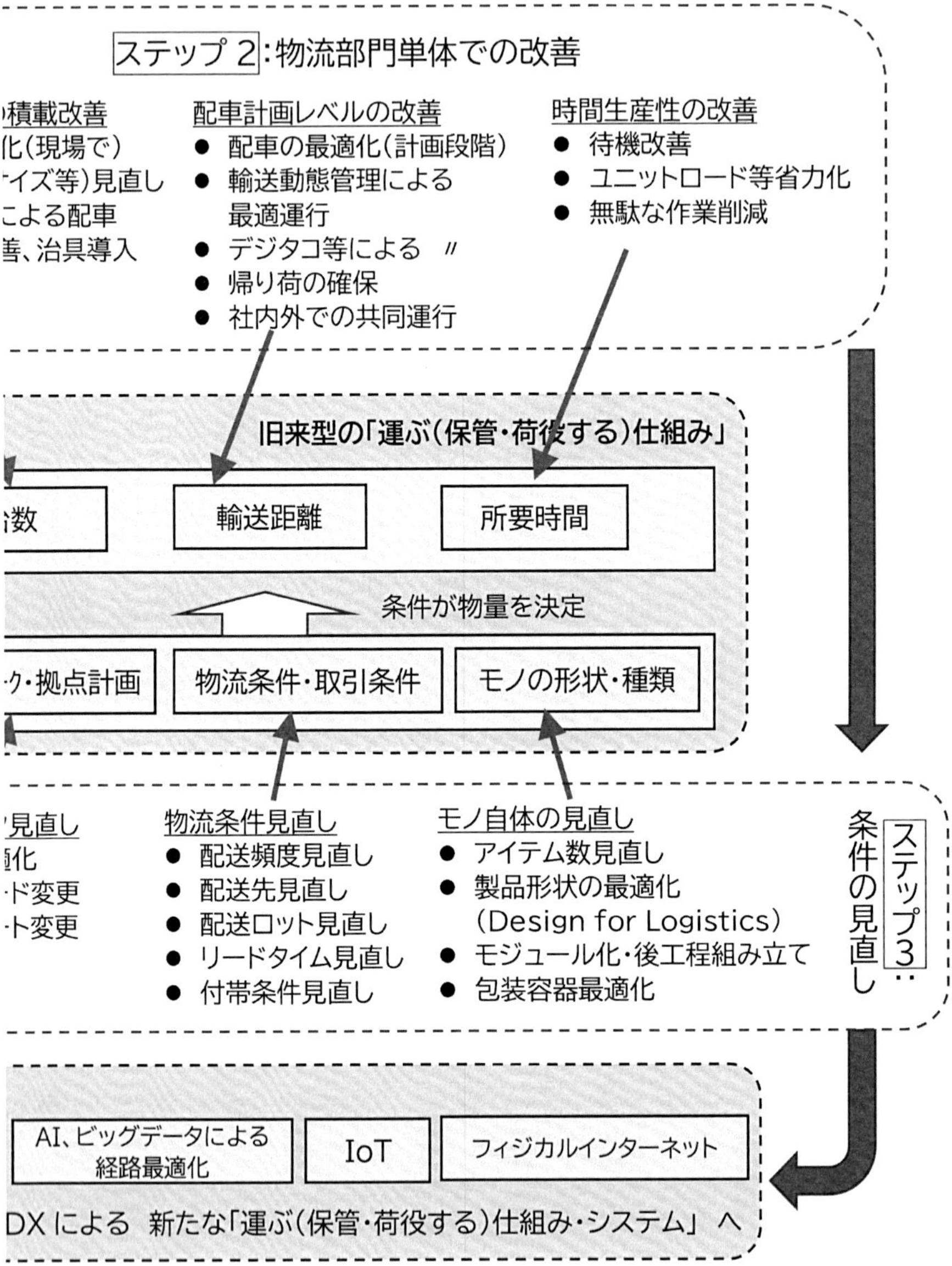

ステップ 2：物流部門単体での改善
積載改善
化(現場で)
イズ等)見直し
による配車
善、治具導入
配車計画レベルの改善
● 配車の最適化(計画段階)
● 輸送動態管理による
最適運行
● デジタコ等による 〃
● 帰り荷の確保
● 社内外での共同運行
時間生産性の改善
● 待機改善
● ユニットロード等省力化
● 無駄な作業削減
旧来型の「運ぶ(保管・荷役する)仕組み」
台数
輸送距離
所要時間
条件が物量を決定
ク・拠点計画
物流条件・取引条件
モノの形状・種類
見直し
適化
ド変更
ト変更
物流条件見直し
● 配送頻度見直し
● 配送先見直し
● 配送ロット見直し
● リードタイム見直し
● 付帯条件見直し
モノ自体の見直し
● アイテム数見直し
● 製品形状の最適化
(Design for Logistics)
● モジュール化・後工程組み立て
● 包装容器最適化
ステップ3：条件の見直し
AI、ビッグデータによる
経路最適化
IoT
フィジカルインターネット
DX による 新たな「運ぶ(保管・荷役する)仕組み・システム」 へ

図表　物流コスト削減策のこれまでとこれから

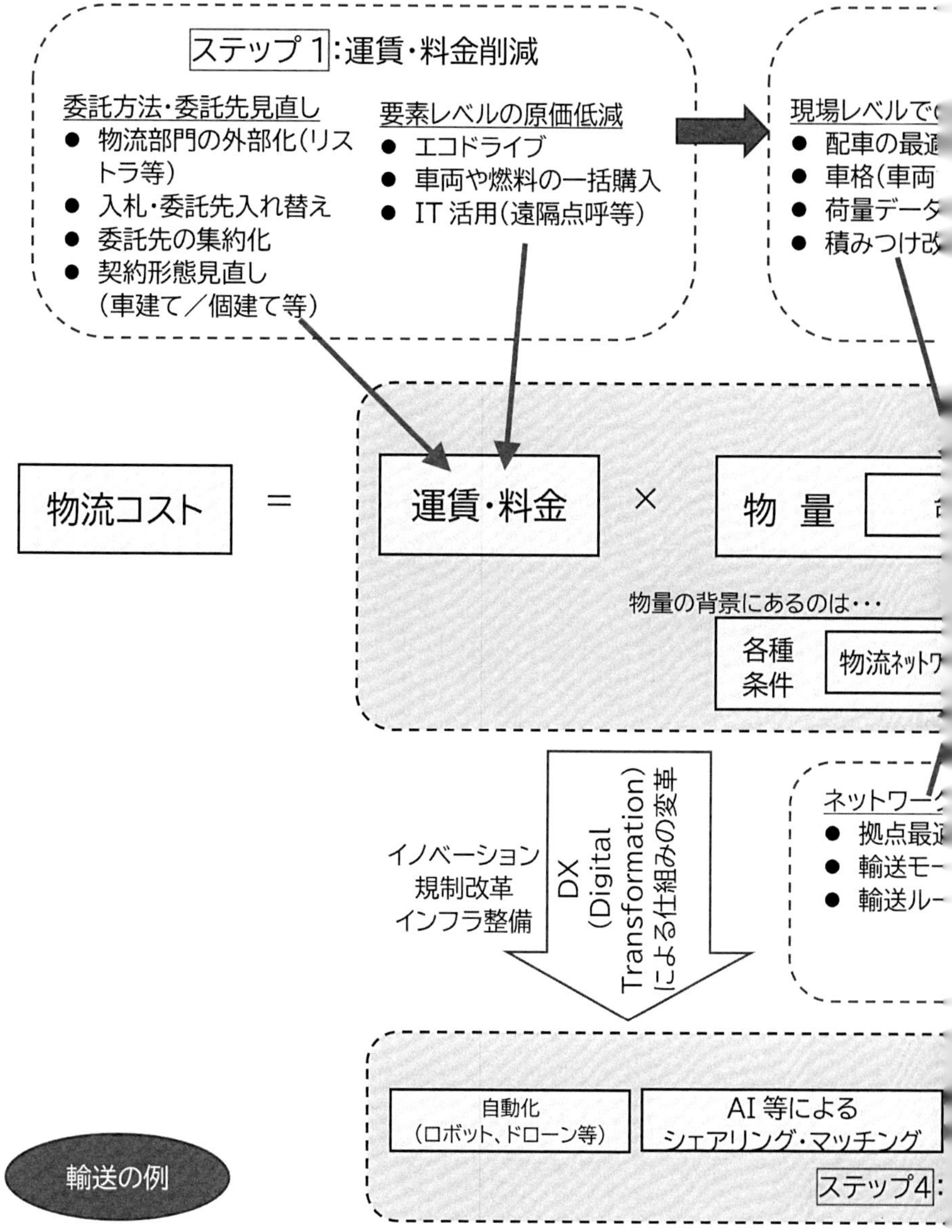
ステップ１：運賃・料金削減
委託方法・委託先見直し
● 物流部門の外部化（リストラ等）
● 入札・委託先入れ替え
● 委託先の集約化
● 契約形態見直し（車建て／個建て等）
要素レベルの原価低減
● エコドライブ
● 車両や燃料の一括購入
● IT 活用（遠隔点呼等）
現場レベルで
● 配車の最適
● 車格（車両
● 荷量データ
● 積みつけ改
物流コスト
＝
運賃・料金
×
物 量
物量の背景にあるのは・・・
各種条件
物流ネットワ
イノベーション
規制改革
インフラ整備
DX（Digital Transformation）による仕組みの変革
ネットワーク
● 拠点最適
● 輸送モー
● 輸送ルー
自動化（ロボット、ドローン等）
AI 等による シェアリング・マッチング
ステップ4：
輸送の例

ここでは、多数の参加企業が自社の改善事例をプレゼンしています。会員限定ではありますが、過去の発表事例もホームページから検索可能です。これは一例ですが、業界団体やセミナー等の場に担当者を派遣するなどして、同業他社をはじめとした事例情報を集めることは非常に有用だと思います。

コスト削減策の立案に当たっては、ゼロから考えるよりも、類似事例を探して、模倣するほうが明らかに簡単です。また社内を説得するに際しても、「他社もやっている」という情報があれば説得力を増すはずです。

（2）コスト削減策のこれまでのトレンドの変化～単純な「運賃・料金削減」は終焉へ

物流コスト削減策は、実は時代の流れに従って、方向性が変化して来ました。この「トレンド変化」を理解していただくと、現状の把握、ひいては今後の施策立案に役立つと思います。

変化の段階を筆者なりに大まかに分類すれば、だいたい4段階に分類できます。図表の「ステップ」がこれに該当します。これを順にご説明します。

「ステップ1」は、単純な運賃・料金削減の段階です。図示したように、物流コストは基本的に、「運賃・料金」と「物量」とのかけ算で決まってきます。よって、もっとも単純なのは「運賃・料金」の単価を下げる施策になります。入札で運賃を「一律5％」というように下げることができれば、非常に効果があります。実際、90年代から00年代初頭までは、この種類のコスト削減策が主流でした。90年代は規制緩和で運賃が下がった時代でもありますので、各社の主たる施策が運賃値下げであったのは、ある意味で合理的であったと言えます。加えてこの時期は、産業界のリストラが激しかった時代でもあります。メーカーが自社の物流子会社を解散し、より安価な運送会社に切り替えて運賃を下げる、といった流れからの取り組みも多く見られました。

ただ、言うまでも無く、現在の経済環境では、入札しただけで運賃が下がることはありません。このタイプの施策が有効だったフェーズはすでに終わったと言えるでしょう。

【注】

（1）例えば、JILS「物流コスト調査報告書」（各年）のコスト削減策の章、日通総合研究所「物流コスト削減の実務」（2010年5月1日）等。

2 物流コスト削減策の現在とこれから

前項では、これまでのコスト削減策の流れを説明してきましたが、続いて現在、さらには今後について考えていきましょう。

（1）「物流部門単体での改善」も一巡

「運賃・料金」が頭打ち（底打ち）となったら、「物量」を見直すしかありません。そこで次に注目されたのが、「ステップ2」の領域です。この内容は多岐にわたりますが、例えば、「車両の積載を高めて、台数を減らす」といった現場レベルでの取り組みが1つです。また、「配車計画を改善して、少ない台数で配送できるようにする」といった、計画レベルでの改善も含まれます。この領域は、「配車」のように、物流現場へのＩＴの導入と密接に関係するテーマでもあり、インターネットが普及した00年代序盤以降に大きく進展しました。

ただ、この領域の改善策も、これまで20年程度とかなり長期間取り組まれてきましたので、大幅な改善余地は残されていないと思います。とはいえ、改善を止めると悪化することが確実ですので、この領域の改善は、今後も不断に続けていく必要があります。

（2）近年の焦点は、物流の背後にある「条件の見直し」

ステップ2の改善策も行き詰まりの傾向がハッキリしてきました。その過程で、次に荷主各社が注目してきたのが、「ステップ3」の領域です。物流を左右するのは、その前提となる各種条件です。例えば、ある顧客との間で、「毎日配送」という条件が決まっていると、いくら配送計画を改善しても、効率化には限度があります。よって、「前提条件から変えてしまおう」、というのがステップ3の基本コンセプトです。

なお、ステップ2との大きな差は、物流部門単独では取り組めないという点です。例えば、顧客との条件の見直しは、営業部門との連携が必須でしょう。同様に、「物流ネットワークを見直して拠点を最適化する」「商品形状を物流に最適なものに見直す」といった取り組みも、営業部、企画部、生産部といった他部門との連携が必要になります。更に言えば、顧客との連携も必要になるかもしれません。なお、部門間連携については2－4－4項もご参照下さい。

このように、ステップ3は多くの関係者を巻き込まないと実行できないという特徴があるのですが、それが故に、これまで手がついて来なかったとも言えます。よって、改善の余地はまだまだ残されています。

中でも、「モノ自体を物流に合わせて見直す」という動きは、一部の業界でしか進んでいません。物流に適合した設計のことを「Design for Logistics」、または単に「DFL」と言います。例えば段ボールをパレットにきれいに積むには、商品の種類を問わずに段ボールの高さを揃えることが必要です。これがDFLの一例ですが、このような取り組みはまだこれからです。

このように、まだまだ改善の余地が残されていますので、この領域は皆さんが取り組む主戦場と言えるでしょう。

（3）DXによる新たな「運ぶ仕組み・システム」へ

最後の「ステップ4」は、これから進展が期待される領域です。

物流分野でもご多分に漏れず、DX（デジタル・トランスフォーメーション）が叫ばれていますが、ステップ4で期待される変化は、まさにDXによる変化ということになります。この点を少し詳しく説明していきましょう。

①　DXによる変革のこれまでとの違い

DXとは、「デジタル化によるビジネスプロセス等の抜本的な改革」ということですが、DXによる変革は、輸送であれば「運び方そのもの」を変えてしまうという点で、これまでと根本的に異なります。

ステップ3までの変化は、「ドライバーがトラックで運ぶ」というような行為の大枠は変えずに、その中で見直しを行うというものでした。一方、DXによる変革は、「ドローンが無人で運ぶ」というように、仕組みそのものを根本的に見直すものです。その場合に、これまでの物流効率化策の多くが無効化するのは明らかでしょう。例えばドローンやロボットといった高度な技術を有する物流会社に対して、荷主がこれまでと同様の運賃引き下げ交渉を実施できるとは思えません。

物流の仕組みが根本的に変わる場合には、これまでの仕組みとは全く異なるルール、異なるプレイヤーが生まれているということになるのではないでしょうか。

② 物流における「シェアリング」を例に

物流におけるＤＸの適用シナリオは識者から色々と提案されていますが、もっとも期待されているのが、輸送分野における、「リソースのシェアリング」でしょう。というのも、トラック輸送の積載効率はマクロ的に見ると4割程度しかなく、輸送の潜在的ポテンシャルが活用されずに、無駄に捨てられているからです。

もちろん、空きトラックのマッチングは、現在もインターネット等を利用して行われています。ただ、そのほとんどは往復でのマッチングです。車両への混載を目的とするマッチングは（一部実施されていますが）、普及はまだこれからです。

なお、トラック輸送のマッチングは簡単にできるように見えるかもしれませんが、実際には細かい条件をすり合わせる必要があります。

実際の物流を考慮すると、「車両の現在位置」「到着時間と想定待ち時間」「車両の種類、サイズ」「ドライバーの作業範囲」「ドライバーの技能レベル」といった条件がわからないと、マッチングは難しいのです。しかし現状ではこれらは基本的にデータ化されていません。よって、現在は人的作業で調整が行われているのが実態です。

自動でのマッチングが実現するには、最低でも、貨物とトラックがネットワークに接続され、その動態情報がリアルタイムに更新されるような環境が必要ですが、現状ではトラックを常時ネットワークに接続するだけでも低くないハードルがあります（これには、日本独自の規制の問題も絡みます）。

ＤＸ全般について言えることですが、これら物流における変革の実現には、社会制度やインフラ整備を含めたイノベーションが実現することが不可欠だと言えるでしょう。

以上、コスト削減策の全体像をザックリと紹介してきましたが、物流コスト急増という環境変化に対し、コスト抑制が急務であるのは疑いがありません。

本文で取り上げた「コスト算定・管理」の仕組みを導入すると、自社の物流のムダ・課題が浮き彫りとなるはずです。それを受けた次のステップとして、ここで紹介した各種の改善アイデアを活用し、改善に取り組んでいただければ幸いです。

ヤ

ラ

ワ

索　　引

《著者紹介》

久保田精一（くぼた・せいいち）

担当：第 1 章（1・2 節・CASE），第 2 章（3・4 節），第 4 章，第 5 章（1 節），おわりに

合同会社サプライチェーン・ロジスティクス研究所　代表

東京大学教養学部教養学科卒業。財団法人日本システム開発研究所（財務省所管シンクタンク），公益社団法人日本ロジスティクスシステム協会等を経て現職。城西大学非常勤講師。

主要業績

『ロジスティクス管理 2 級』『　同　3 級』社会保険研究所，2017 年（共著）

『ケースで読み解く経営戦略論』八千代出版，2018 年（共著）

『日本企業の物流軽視が招く“モノが運べない”危機』幻冬舎メディアコンサルティング，2024 年（単著）

浜崎章洋（はまさき・あきひろ）

担当：第 2 章（CASE），第 3 章（1 ～ 4 節・CASE ②），第 5 章（2 節 1 ～ 3）

大阪産業大学経営学部教授

神戸大学大学院経営学研究科博士前期課程修了・修士（経営学）

タキイ種苗，日本ロジスティクスシステム協会勤務。その後コンサルティング会社設立を経て現職。

主要業績

『改訂第 2 版　ロジスティクスの基礎知識』海事プレス社，2020 年（単著）

『通販物流』海事プレス社，2014 年（上村聖氏，富計かおり氏，大北勝久氏，大西康晴氏と共著）

『ロジスティクス・オペレーション 2 級』社会保険研究所，2007 年（共著）

上村　聖（かみむら・しかと）

担当：第 1 章（3 節），第 2 章（1・2 節），第 3 章（CASE ①），第 5 章（2 節 4）

城西大学経営学部教授

一橋大学社会学部卒業。食品メーカー，コンサルティングファーム，物流企業に勤務。首都大学東京大学院社会科学研究科経営学専攻博士後期課程単位取得満期退学。

コンサルティング事務所代表等を経て，現職。

主要業績

『ケースで読み解く経営戦略論』八千代出版，2018 年（草野素雄氏と共編著）

『通販物流』海事プレス社，2014 年（浜崎章洋氏，富計かおり氏，大北勝久氏，大西康晴氏と共著）

（検印省略）

2021 年 8 月 10 日　初版発行
2024 年 2 月 10 日　改訂版発行　　略称―物流コスト

コスト激増時代必須のマネジメント手法
「物流コストの算定・管理」のすべて［第二版］

著　者　久保田精一
　　　　浜 崎 章 洋
　　　　上 村 　聖

発行者　塚 田 尚 寛

発行所　東京都文京区
　　　　春日 2－13－1　株式会社 創 成 社

電　話 03（3868）3867　F A X 03（5802）6802
出版部 03（3868）3857　F A X 03（5802）6801
http://www.books-sosei.com　振　替 00150-9-191261

定価はカバーに表示してあります。

ISBN978-4-7944-2623-9　C3034
Printed in Japan

組版：ワードトップ　印刷：エーヴィスシステムズ
製本：エーヴィスシステムズ
落丁・乱丁本はお取り替えいたします。